Insel-Bücherei
Mitteilungen für Freunde
Nummer 18

Herausgegeben von
Jochen Lengemann
Nr. 18
September
1998

Gegründet an der Jahreswende 1989/90 nach dem Sammlertreffen
in Marbach am Neckar im September 1989
Herausgegeben im Insel Verlag von Jochen Lengemann

Redaktion:
Jens Förster, Leipzig; Dr. Sigrid Freytag, Jena;
Herbert Kästner, Leipzig;
Jochen Lengemann (J. L.), Kassel; Elke Lipp (E. L.), Ober-Ramstadt;
Norbert Niechoj (N. N.), Mülheim/Ruhr
Freie Mitarbeiterin: Barbara Salver, Stuttgart
Anschrift der Redaktion:
Jochen Lengemann, Postfach 410351, 34065 Kassel

Für unverlangt eingesandte Manuskripte wird keine Gewähr übernommen.
Die Redaktion behält sich vor, Beiträge zu kürzen oder zu
überarbeiten. Namentlich gezeichnete Beiträge geben nicht in jedem
Falle die Meinung der Redaktion wieder. Inserate sind an die
Redaktionsanschrift zu senden. Einsendeschluß für Inserate ist für
die Frühjahrsnummer der 1. 10. des Vorjahres,
für die Herbstnummer der 1. 3. desselben Jahres.
Insel-Bücherei. Mitteilungen für Freunde kann über den Buchhandel
bezogen oder dort wie auch direkt beim Verlag abonniert werden.
Redaktionsschluß dieser Nummer: 15. 5. 1998
© 1998 bei den Autoren
Insel Verlag Frankfurt am Main und Leipzig 1998
Satz: Hümmer GmbH, Waldbüttelbrunn
Druck: Nomos Verlagsgesellschaft, Baden-Baden
Auflage: 1400 Exemplare
ISSN 0946-3089
ISBN 3-458-16934-2

Inhalt

Ingeborg Schnack (9. 7. 1896 - 3. 11. 1997) zu ehren:
Siegfried Unseld · Eine ungewöhnliche Frau 5
Rätus Luck · Die Schweiz in der Insel-Bücherei 12
Sigrid Freytag · Ein Leben als »Herrin der Insel« 28
Barbara Salver und *Karl-Hartmut Kull* · Der
 Schriftgestalter Herbert Post (1903-1978) und seine
 Post-Fraktur 51

Mitteilungen und Hinweise 54
Berichtigungen und Ergänzungen 57
Zuschriften an die Redaktion 58

Hinweise

Um jedwede Verständigungsschwierigkeiten für Sammler und Freunde der Insel-Bücherei auszuschließen, haben Herausgeber und Redaktion auf ihrer Sitzung am 21. April 1990 beschlossen, ab Nr. 2 der *Insel-Bücherei. Mitteilungen für Freunde* für die Bezeichnung einzelner Bände in der Bücherei nur die Ziffern der Kästnerschen Bibliographie von 1987 als der neuesten vorliegenden zugrunde zu legen und redaktionell in allen Beiträgen der *Mitteilungen* zu verwenden.
Die abgekürzte Zitierweise von *Insel-Bücherei. Mitteilungen für Freunde* ist:
IB.M. Nr. ... ([Jahr]), S. ...

Anschriften der Verfasser:
Dr. Sigrid Freytag, Orchideenweg 5, 07745 Jena
Karl-Hartmut Kull, Nachtigallensteig 16, 06126 Halle an der Saale
Dr. Rätus Luck, Schweizerische Landesbibliothek, Hallwylstrasse 15, CH-3003 Bern
Barbara Salver, Thomastraße 41, 70192 Stuttgart
Dr. Dr. h. c. Siegfried Unseld, Suhrkamp/Insel Verlag, Postfach 101945, 60019 Frankfurt am Main

Ingeborg Schnack
9. 7. 1896 - 3. 11. 1997
zu ehren

Am 3. November 1997 ist Ingeborg Schnack gestorben. Ihr zu Ehren hat Siegfried Unseld den Beitrag, den er zu ihrem 100. Geburtstag geschrieben hat und der zuerst im Sammelband INGEBORG SCHNACK: Über Rainer Maria Rilke. Frankfurt am Main und Leipzig: Insel Verlag 1996 erschienen ist, zur Veröffentlichung in *Insel-Bücherei. Mitteilungen für Freunde* zur Verfügung gestellt.

Siegfried Unseld

Eine ungewöhnliche Frau

Zum 100. Geburtstag von Ingeborg Schnack am 9. Juli 1996

Wenige Wochen vor ihrem 100. Geburtstag am 9. Juli 1996 halte ich inne und denke an Ingeborg Schnack. In diesem Alter schauen Menschen normalerweise geruhsam auf ihr Leben zurück und wägen Freud und Leid, Glück und Unglück. Nicht so Ingeborg Schnack. In den letzten Jahren hat sie, gemeinsam mit Renate Scharffenberg, in umfangreicher Arbeit »Rainer Maria Rilkes Briefwechsel mit Anton Kippenberg 1906 bis 1926« ediert, dies in einer vorbildlichen Edition und mit einem einleitenden 50seitigen Essay, der von ihr im Januar 1995 abgeschlossen wurde. Sie beginnt ihren Essay mit jenem Bibelwort, mit dem Kippenberg seinen letzten Brief an Rilke am 13. Dezember 1926 beschlossen hatte, dem Gleichnis vom verlorenen Sohn im Johannes-Evangelium: »Siehe, was mein ist, ist auch dein«. Ich bin kühn genug, dieses Gleichnis auch auf die Arbeit Ingeborg

Schnacks für Rilke zu beziehen, sie gab all das ihre der erkundenden Forschung Rilkes.

Ingeborg Schnack leistete viel. Sie hatte Energie, Tatkraft, und ihr Einsatz war selbstlos. Vor der Ausgabe Rilke/Kippenberg konnte sie in jahrelanger Arbeit den Briefwechsel des großen Juristen, Schwagers der Brentanos und Achim von Arnims, Friedrich Carl von Savigny mit Stephan August Winckelmann edieren. Allein diese Edition hätte ausgereicht, ihren wissenschaftlichen Ruf zu begründen und zu festigen. Sie promovierte 1920 mit einer kirchengeschichtlichen Arbeit, nach dem Staatsexamen in Philosophie, Geschichte, Mathematik und Physik trat sie in den wissenschaftlichen Bibliotheksdienst ein, wurde 1923 als erste Frau in den höheren Bibliotheksdienst aufgenommen, war Bibliotheksrätin und bei ihrer Pensionierung stellvertretende Bibliotheksdirektorin in Marburg; Direktorin wollte sie nicht werden, die Arbeit am Buch war ihr wichtiger als die Verwaltung.

Sie organisierte Ausstellungen zu Rilke (1947), zu zeitgenössischen Dichtern (1948) und Goethe (1949), denen viele andere folgten, erwarb für den Bestand der Bibliothek Briefe Savignys und der Brüder Grimm an Savigny. Ihr gelang es auch, die Volksliedersammlung der Brüder Grimm für die Bibliothek zu akquirieren. Das Konvolut gehört zu den Perlen des Handschriftenbestandes und beweist auch die Bedeutung des handschriftlichen Quellenmaterials für eine Universitätsbibliothek. (Ich darf für diese Feststellung eine Nach-Ahnung beanspruchen, war doch der Lehrer meines Studienfachs Bibliothekswissenschaft der Nestor der Disziplin, Professor Dr. Georg Ley.) Es war für sie ein Ereignis ihrer bibliothekarischen Laufbahn, als die Volksliedersammlung 1985 in Buchform vorgelegt wurde.

Ein langes Leben lang war und ist das Buch in Gehalt und Gestalt ihr Metier. Das Land Hessen verdankt ihr zahlreiche

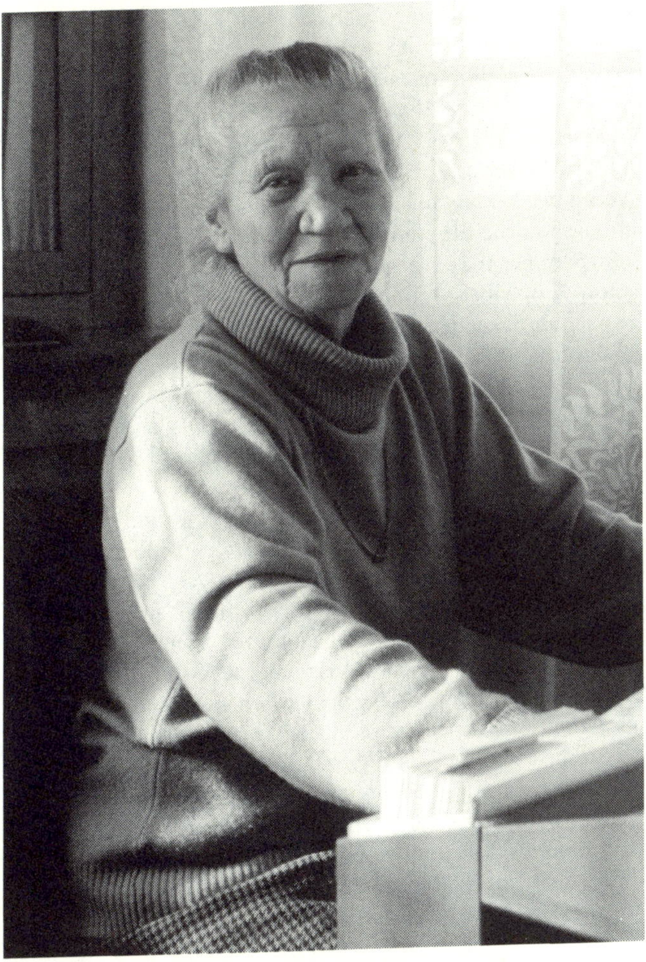

Forschungsbeiträge zur Geschichte und Kulturgeschichte, die Universität Marburg viele Arbeiten zur Ikonographie und Universitätsgeschichte, und sie gibt ehrenamtlich die Zeitschrift des Universitätsbundes *Alma mater philippina* heraus. Mit Fug und Recht erhielt Ingeborg Schnack als Auszeichnung die silberne Philipps-Plakette der Universität Marburg, das goldene Ehrenzeichen des Vereins für Hessens Geschichte und Landeskunde und die goldene Ehrennadel der Stadt Marburg.

Im Sommer 1945 begegnete Ingeborg Schnack Katharina und Anton Kippenberg. Kippenbergs waren im Gefolge der aus Leipzig abrückenden amerikanischen Truppen in den Westen gekommen und am 23. Juni 1945 in Marburg eingetroffen. Anton Kippenberg hatte man nahezu zwingen müssen, Leipzig zu verlassen. Er konnte und wollte es nicht glauben, daß die Sowjets für lange Zeit über seinen Verlagsort und seine Goethe-Stätte bestimmen sollten, und nur der Hinweis auf den möglichen Verlust von Verlagsarchiv und Goethe-Sammlung bewog ihn zum Umzug. Die Bücher aus seinem persönlichen Archiv und die Dokumente seiner Sammlung (sie war auf 12 000 Stück angewachsen) wurden von Ingeborg Schnack provisorisch in die Universitätsbibliothek aufgenommen. Von nun an entwickelte sich ein fast tägliches Zusammensein, und für Ingeborg Schnack eröffneten sich neue Dimensionen. Sie kam jetzt, durch die Arbeit mit Kippenberg, mit Rilke, und das heißt, mit der klassischen Moderne, und durch die Erstausgaben und Handschriften von Kippenbergs Goethe-Sammlung mit Goethes Welt in Berührung. Zu Katharina Kippenberg entstanden alsbald Freundschaft und geistige Partnerschaft. Sie arbeitete mit ihr an deren Buch *Rainer Maria Rilkes Duineser Elegien und Sonette an Orpheus* und widmete später diesem Buch einen Essay: *Dichtung und Deutung. Rainer Maria Rilke und Katharina Kippenberg*. Anton Kippenberg zog sie mehr und mehr zu den Rilke-Editionen des Insel Verlages hinzu; sie gab vier Bände der Reihe *Aus Rainer Maria Rilkes Nachlaß* heraus und betreute den Bildband *Rilkes Leben und Werk im Bild*; sie schrieb und dokumentierte ein für die Rilke-Forschung und für die inzwischen entstandenen Biographien unerläßliches zweibändiges Werk: *Rilke: Chronik seines Lebens und seines Werkes*. Gemeinsam mit Rudolf Hirsch edierte sie den Briefwechsel Rilkes mit Hugo von Hofmannsthal. 1986 erschien ihre Edition *Briefe Rilkes an Karl und Elisabeth von der Heydt*.

Anton Kippenberg starb am 21. September 1950, es war ihm nicht mehr vergönnt, sein Buch der Erinnerungen mit dem Titel *Das Haus in der Richterstraße* zu schreiben. So lag es nahe, Kippenbergs verstreut veröffentlichte Arbeiten in einem Band zu sammeln; er erschien 1952 im Insel Verlag Wiesbaden: *Reden und Schriften*. Es gibt in diesem Buch einen »Anhang«, aber keinen Verweis, wer es herausgegeben oder redigiert hat – Sarkowskis Insel-Bibliographie vermerkt lakonisch: »Nachwort vom Verlag«. Nun übte sich der Insel Verlag leider oftmals in der schlechten Gewohnheit, in seinen Büchern kein Erscheinungsjahr anzugeben und Herausgeber und Übersetzer, wenn überhaupt, eher am Schluß des Buches zu nennen. Der Anhang des Buches *Reden und Schriften* enthielt ein herausragendes Portrait von Anton Kippenberg, das erste, das über ihn geschrieben wurde und das eine der ganz wenigen Gesamtdarstellungen über Jahrzehnte bleiben sollte. Als Verfasser dürfen wir Ingeborg Schnack erkennen, die diesen Text und die Kommentare des Anhangs in Verbindung mit Friedrich Michael, dem damaligen Leiter des Insel Verlages Wiesbaden, schrieb. Auch dieses Portrait schloß signifikant: mit Kippenbergs Goethe zugedachtem Motto »Einen einzigen verehren«.

Der vorliegende Band zu Ehren von Ingeborg Schnack, veröffentlicht aus Anlaß ihres 100. Geburtstags, enthält ihre bedeutenden Rilke-Arbeiten. Sie beginnen mit den Erinnerungen Rilkes an Marburg und einer Deutung von Rilkes Gedichtkreis *Aus dem Nachlaß des Grafen C. W.* Sie berichten von Rilkes Verbindung mit Ragaz, seinen Briefen mit Hofmannsthal und mit Gräfin Sizzo. Sie deuten Rilkes Kunstanschauung anläßlich der Werke von Rodin, Kokoschka und russischer Kunst. Der Band schließt mit einer Darstellung der frühen Rilke-Rezeption in Frankreich. Alles in allem Beiträge, die für die Rilke-Forschung wesentlich sind.

Am 19. Oktober 1995 also erschienen die beiden Bände des Briefwechsels Rilke mit Kippenberg. Man konnte die Beziehungen Rilkes zu Kippenberg schon früher studieren, aus dem Auswahlband *Briefe an seinen Verleger 1906 bis 1926*, herausgegeben von Ruth Sieber-Rilke und Carl Sieber, dessen erweiterte Ausgabe 1949 in zwei Bänden erschien. Doch beide Ausgaben enthielten nur ausgewählte Briefe, und auch diese Briefe oft mit zahlreichen Auslassungen. Jetzt aber haben wir den integralen Briefwechsel vorliegen, und Ingeborg Schnack hat die Edition mit einer hervorragenden Einleitung bereichert; ihr verdanken wir neue Einsichten in das komplizierte Verhältnis zwischen Autor und Verleger. Gewiß, die beiden redeten sich gegen Ende von Rilkes Leben mit »Lieber Freund« an, aber die Beziehung – wie fast jede Beziehung Autor-Verleger – ging durch Tiefen und Höhen und immer wieder durch Tiefen. Auch das Schlußwort des letzten Briefes von Kippenberg an Rilke: »Siehe, was mein ist, ist auch dein«, kann nicht als Motto über die gesamte Partnerschaft gestellt werden. Es ist hier jedoch nicht der Ort, die Beziehung dieses Autors und dieses Verlegers, eine der interessantesten und merk-würdigsten in der Literatur- und Verlagsgeschichte unserer Zeit, detailliert darzulegen (aber Ort und Gelegenheit werden kommen). Nur soviel sei erwähnt, daß Ingeborg Schnack bei dieser Editionsarbeit nicht nur Akribie und Kennerschaft, nicht nur Kenntnis von Literatur und Zeitgeschichte bewies, sondern auch großes Einfühlungsvermögen und detektivischen Spürsinn, Wissen und Phantasie. Für mich ist die Verbindung von Wissen und Phantasie eine Form der Liebe, die Ingeborg Schnack, diese ungewöhnliche Frau, Rilke darbrachte.

Für Ingeborg Schnack sei der Wunsch Goethes ausgesprochen: »...der ich recht wohl zu leben wünsche«.

Rätus Luck

Die Schweiz in der Insel-Bücherei

Einleitung

Es war eine milde Art von Überraschung für den Schreibenden, Mitarbeiter der Schweizerischen Landesbibliothek in Bern, als ihm der Bildschirm bei einer Recherche im OPAC der Bibliothek, »Helveti-Cat« genannt, auf einen Schlag fast 200 Nummern der Insel-Bücherei anzeigte. Eine Überraschung insofern, als es der gesetzliche Sammelauftrag der Landesbibliothek mit dem Kriterium »schweizerisch« sehr genau nimmt und ihr anzuschaffen und zu sammeln nur gebietet, was sich auf die Schweiz bezieht. Wie ließ sich die »Insel«-Insel mitten im Meer der Helvetica erklären? Wie setzt sich die Zweihundertschaft[1] zusammen?

Diesen Fragen etwas nachzugehen, schien reizvoll auch im Hinblick auf jene These, daß eine Bibliothek nichts anderes ist als eine Häufung von vielen kleineren und größeren Sondersammlungen – schien passend als Beitrag im Jahr 1998, wo sich die Schweiz an die Buchmesse Frankfurt eingeladen sieht und sonst Gründe genug hat, sich mit sich selbst zu beschäftigen.

Nun muß sofort gesagt sein, daß dieser Beitrag nicht mehr sein kann als der Versuch einer Annäherung. Zum Beispiel war es nicht möglich, den Beziehungen Anton Kippenbergs zur Schweiz nachzuspüren, wie das Roger Tavernier für Flandern getan hat.[2] So muß es bei den paar bekannten Berührungspunkten bleiben: die Lehrjahre als Buchhändler, die Kippenberg

---

[1] Nicht alle »Helvetica insulana« sind vom Erwerbungsdienst der Bibliothek erkannt worden, so daß zum Beispiel die meisten C.F. Meyer-Nummern oder die *Literarischen Nasen* (IB 938) fehlen.
[2] IB.M. Nr. 11 (1995), S. 7-33.

gegen Ende des letzten Jahrhunderts in Lausanne absolviert und wo er den Grundstein zur seiner Goethe-Sammlung gelegt hat;[3] die geschäftlichen Schweizer Reisen des Verlagschefs, von denen im Briefwechsel mit Rilke gelegentlich die Rede ist. So muß man bei der Frage nach dem Interesse Kippenbergs (und seiner Nachfolger) an der Schweizer Literatur-, Geistes- und auch Kunstgeschichte in erster Linie auf das Programm der Insel-Bücherei selbst bzw. auf das Gesamtprogramm des Verlags hinweisen, für die Jahre bis 1926 etwa noch auf den Briefwechsel des Ehepaars Kippenberg mit Rainer Maria Rilke; er hat die Rolle eines literarischen Beraters, in die der Verleger und seine Frau ihn einsetzten, con amore auch für die Insel-Bücherei gespielt.

Klassiker I

Es liegt nahe, mit den soliden Valeurs zu beginnen, mit den helvetischen Klassikern deutscher Sprache. Für sie gibt es in der Insel-Bücherei so etwas wie Flugjahre. 1919/1920 macht Gotthelf den Anfang mit der *Schwarzen Spinne* (IB 262[4]) und dem *Erdbeeri-Mareili* (IB 363). Gottfried Keller ist 1921 an der Reihe, was wahrscheinlich zusammenhängt mit dem Erscheinen der von Ricarda Huch herausgegebenen *Gesammelten Werken* Kellers in vier Bänden. In die Bücherei wurden eine Gedicht-Auswahl aufgenommen (IB 320; verändert 1963), einzelne Novellen (IB 321-326, 328: *Der Schmied seines Glückes* mit Illustrationen des Kippenberg von Rilke empfohlenen Karl Rössing) und die *Sieben Legenden* (IB 327). Vorausgegangen

---

3 EDUARD KORRODI: Anton Kippenberg †, in: *Neue Zürcher Zeitung*, 23. 9. 1950; HENRY TSCHUDY: Professor Dr. Anton Kippenberg, Leiter des Insel-Verlages. Gestorben am 21. September 1950 in Luzern. St. Gallen 1950.

4 Mit einer Ausnahme wird darauf verzichtet, mehrfach besetzte Nummern bzw. Neuauflagen bzw. verändert wiederaufgelegte Nummern und die Verlagsorte auseinanderzuhalten.

war schon 1914 das Keller-Lebensbild von Ricarda Huch (IB 113), während 1928 *Die mißbrauchten Liebesbriefe* (IB 243), 1935 *Hadlaub* (IB 473) und 1938 eine Briefauswahl (IB 528) folgten. Einzelne dieser Nummern wurden in den dreißiger, vierziger und bis in die sechziger Jahre hinein neu aufgelegt; 1963 erschienen ein *Gottfried-Keller-Brevier* (IB 758) und 1965 als philologischer Nachtrag die *Galatea-Legenden* im Urtext (IB 829). *Romeo und Julia auf dem Dorfe* (IB 324) und die *Sieben Legenden* (IB 327) kamen auch als IB-Ganzlederausgaben auf den Markt, und *Der Schmied seines Glückes* erlebte 1921 eine Sonderausgabe in 120 numerierten Exemplaren auf Van-Gelder-Bütten, in Halbpergament mit Kopfgoldschnitt und mit Schuber (IB 328); *Der Landvogt von Greifensee* (IB 321) gehörte 1969 in Leipzig zu den Schönsten Büchern.

1927 und 1929 erwies die Bücherei Conrad Ferdinand Meyer ihre Reverenz: mit dem *Schuß von der Kanzel* (IB 103), dem *Amulett* (IB 217), mit *Gustav Adolfs Pagen* (IB 286), der *Hochzeit des Mönchs* (IB 298), *Huttens letzten Tagen* (IB 300), der *Richterin* (IB 306) und einer Auswahl von Gedichten (IB 303). Es fällt auf, daß es sich bei diesen Texten Meyers immer um zweite Besetzungen handelt; was der Grund dafür ist, läßt sich nicht sagen.

Um einen Schweizer Klassiker der Gegenwart handelt es sich bei Robert Walser; er ist 1977 mit dem Text *Über Kleist* vertreten im Band *Kleist in der Dichtung* (IB 984) und ist mit seiner kurzen Prosa natürlich ein sozusagen perfekter IB-Autor; 1989 erschien *Der Spaziergang* (IB 1106) und 1983, als IB 1057, und 1995 (noch einmal), als IB 1118, *Fritz Kochers Aufsätze*, illustriert von Walsers Bruder Karl, von dem auch die Lithographien in Heinrich von Kleist: *Prinz Friedrich von Homburg*, (1987, IB 1029/2) und die Zeichnungen zu den Goethe-Gedichten (1994, IB 1147) stammen.

Kulturhistorischer Weg durch die Jahrhunderte

Neben diesem Viergestirn am schweizerischen Klassiker-Firmament geht ein Schwarm von Sternen – nun müßte man sagen: zweiter Ordnung auf; aber natürlich strahlt jeder von ihnen immer noch hell genug. Ins 9. Jahrhundert führen Notker Balbulus (der Stammler), Benediktiner in St. Gallen, zurück und seine *Gesta Karoli Magni: Die Geschichten von Karl dem Großen* (IB 114, 440). Ins 10. Jahrhundert gehört, ebenfalls Sankt Galler Mönch, Ekkehart I. mit dem vielleicht gar nicht von ihm stammenden Epos *Waltharius* (IB 698). Berner Patrizier, Vogt und Schultheiss, hat der 1484 gestorbene Thüring von Ringoltingen *Die Historie von der schönen Melusina* übersetzt (IB 629). Den 1493 in Einsiedeln geborenen Theophrastus Bombastus von Hohenheim, Paracelsus, finden wir als Stadtarzt in Basel, in St. Gallen, im Bad Pfäffers und finden ihn in der Insel-Bücherei, wo 1924 und nochmals 1937 als IB 366 erschienen ist *Labyrinthus medicorum oder Vom Irrgang der Ärzte. Was der rechte Arzt lernen und kennen und wie beschaffen er sein soll, wenn er gut kurieren will.* Auch Paracelsus ist ein Beispiel dafür, wie IB und übriges Insel-Verlagsprogramm zusammenspielen, das 1921 einen Band ausgewählter Paracelsischer Schriften bringt; im *Inselschiff* und im *Insel-Almanach* taucht er damals ebenfalls auf.

Auf der 435. Position der IB lösen 1964 zwei Schweizer sich ab: Alexandre gen. Henri de Catt, aus dem waadtländischen Morges, 20 Jahre lang Sekretär, Vorleser und Gesprächspartner Friedrichs II., und, mit vergleichbaren Lebensdaten, der »arme Mann aus dem Toggenburg«, Ulrich Bräker (1735-1798): *Etwas über William Shakespeares Schauspiele von einem armen ungelehrten weltbürger, der das glück genoß, denselben zu lesen. Anno 1780.* Nur wenig jünger als diese beiden ist der Theologe und Physiognomiker Johann Kaspar Lavater (1741-1801); zusammen mit dem aus Deutschland gebürtigen Aargauer Politiker, Volkserzieher und Schriftsteller Heinrich Zschokke, der 1848, im Gründungsjahr der neuen Eidgenossenschaft mit 77 Jahren stirbt, ist er an geheimnisvoller Stelle zu entdecken, nämlich als *literarische Nase* (IB 938). Und schließlich gehört in diese Altersgruppe der Pädagoge Johann Heinrich Pestalozzi (1746-1827), von dem unter dem Titel *Entfaltung der Menschlichkeit* »Gedanken aus seinen Werken« erschienen sind (IB 564).

Jacob Burckhardt (1818-1897), dem Basler Kultur- und Kunsthistoriker, begegnen wir zweimal in der Insel-Bücherei. Der Titel *Größe, Glück und Unglück in der Weltgeschichte* tritt 1930 als Nr. 126 die Stelle von La Rochefoucaulds *Betrachtungen* an (die 1938 auf Nr. 537 wechseln) und erlebt bis 1959 neun Auflagen; die von Walther Rehm ausgewählten und eingeführten *Briefe* übernehmen 1946 die Nr. 331, die 1921 mit *Tibulls Sulpicia* besetzt war. Das ist sozusagen ein Vorspiel zur großen, von Max Burckhardt besorgten Ausgabe der Briefe Burckhardts, die ab 1949 (bis und mit Band 4) gleichzeitig im Insel Verlag und im Verlag Benno Schwabe Basel erscheint.

Jakob Schaffner (1875-1944), seinerzeit ein anerkannter Autor, wurde unmittelbar vor dem und im Zweiten Weltkrieg in der Schweiz zur Persona non grata, deren zumindest literarische Rehabilitierung nur langsam in Gang kommt; 1927 gelangte seine Erzählung *Das verkaufte Seelenheil* als Nr. 391 in die Insel-Bücherei. Derselben Generation gehört die St. Gallerin Regina Ullmann (1884-1961) an, die in Rainer Maria Rilke bei Anton und Katharina Kippenberg einen eifrigen Anwalt besaß. Ihre *Feldpredigt* erschien 1915 als IB 178 und Teil der »neuen, friedlichen Reihe der Insel-Bücherei«, wie der Verleger am 7. Dezember 1915 Rilke gegenüber bemerkte: »Ich glaube, der Insel-Verlag hat sich auch im Kriege würdig gehalten und wird nicht nöthig haben, dereinst sein Haupt zu verhüllen, wie die meisten deutschen Verleger«. Es blieb ihr einziges Insel-Bändchen, trotz Rilkes nachdrücklichem Hinweis: »Wenn einmal später wieder ein Insel-Bändchen R.U. zugewendet würde –, müssts nicht dem *Wirtshausschild* gehören? – Ists nicht eines der Meisterwerke deutscher Erzählung überhaupt?« (An Katharina Kippenberg, 31. Januar 1922). Und nachdem die Erzählung *Der Verkommene*, die Frans Masereel illustrieren sollte, sich als zu kurz erwiesen hatte, ließ er erst recht nicht locker und schrieb der Gattin des Verlegers am 21. März 1923: »Diese Barockkirche liesse sich vielleicht, mit dem ‚Verkommenen', der nicht ausreichte, damals, ein Bändchen zu füllen, in einen Band der Insel-Bücherei später zusammenfassen.«

Wie Regina Ullmann wird auch Gertrud von Le Fort von Biographie und Werk her kaum als Schweizer Autorin wahrgenommen; aber ein Gewährsmann hat der Landesbibliothek schon vor Jahrzehnten glaubwürdig versichert, sie sei »non seulement d'origine genevoise, mais actuellement reconnue comme possédant la nationalité suisse«, und danach richtet sich die Bibliothek, auch wenn Gertrud von Le Forts *Worte an meine Schweizer Freunde* (*Unser Weg durch die Nacht*, 1947, 1949) ganz klar von der Position einer deutschen Autorin aus gesprochen sind. Zahlreiche ihrer Novellen und ihre Gedichte gehören ins Hauptprogramm des Insel-Verlags; in der Insel-Bücherei sind zwischen 1938 und 1961 sieben Titel von ihr erschienen (IB 533, 111, 210, 580, 615, 657, 694). Ihre Erzählung *Das Gericht des Meeres* (IB 210) hat von 1943 bis 1986 21 Auflagen erlebt.

Mit Erica Pedretti: *Mal laut und falsch singen: eine Bildgeschichte* (IB 1123), Walter Vogt: *Spiegelungen* (IB 1096) und E.Y. Meyer: Nachwort zu E.A. Poes *Der Rabe: Das sprechende Tier oder Der nicht rationalisierbare Rest* (IB 1006) und *Wilde Beeren*, Texte zu farbigen Bildern von Sabine Schroer-Hofkunst (IB 1128) sind wir bei Schweizer Autorinnen und Autoren der jüngeren und jüngsten Gegenwart angelangt. Übergangen haben wir bisher die Schweizer Herausgeber, die mit der Bücherei verbunden sind: Emil Staiger (*Schillers klassische Lyrik*, IB 525), Fritz Senn, Leiter der Frankfurter Joyce-Ausgabe (James Joyce: *Kammermusik. Gesammelte Gedichte*, IB 1052), Hanno Helbling, früherer NZZ-Feuilletonredaktor und Übersetzer (*Die Jagd*, IB 1139), Konrad Feilchenfeldt (Clemens Brentano/Philipp Otto Runge: *Briefwechsel*, IB 994); Golo Mann, Peter von Matt und Adolf Muschg (Johann Wolfgang Goethe: *Alle Freuden, die unendlichen. Liebesgedichte und Interpretationen.* Hrsg. von Marcel Reich-Ranicki, IB 1028), Gotthard Jedlicka, Kunsthistoriker (Henri de Toulouse-Lautrec: *Lithographien*, IB 594), Alfred Scheidegger (Pablo Picasso: *Der Minotaurus*, IB 789), Robert Th. Stoll (Francisco Goya: *Pinselzeichnungen*, IB 570).

Nicht zu vergessen auch die zahlreichen Schweizer oder in der Schweiz lebenden Übersetzer, die die Insel-Bücherei herangezogen hat: Enrique Beck (IB 562, 566, 681), Helmut M. Braem (IB 693), Maria Dessauer (IB 989, 1111), Fega Frisch (IB 624), Herberth/Marlys Herlitschka (IB 417, 419, 653, 714, 1035), Felix Philipp Ingold (IB 1133), Max Rychner (IB 658), Emil Staiger (IB 965), Ursula von Wiese (IB 1069), Bernhard Wyss (IB 740) und sicher einige mehr, die unentdeckt geblieben sind. Zu *Gilgamesch*, der Erzählung »aus dem alten Orient«, die Georg E. Burckhardt 1916 »zu einem Ganzen gestaltet« hat (IB 203; wieder aufgelegt 1949, 1963, 1958, 1964) schrieb Rilke am 11. Dezember 1916 an Katharina Kippenberg: »Gilgamesch ist ungeheuer: ich kenns aus der Ausgabe des Urtextes und rechne es zum Grössesten, das einem widerfahren kann. (...) Die Zusammenfassung Burckhardts ist nicht durchaus glücklich, bleibt hinter der Grösse und Bedeutung zurück –, ich fühle: ich erzähls besser. Und mich gehts an.« Konnte Frau Kippenberg, nach einem Wort zugunsten Burckhardts, anders antworten als: »Dennoch fühlt man ganz genau, dass es hätte besser gemacht werden können, und die nächste Auflage wird nachgedichtet von Rainer Maria Rilke« (15. Dezember 1916).

Klassiker II

Die deutschschreibenden »Klassiker« des 20. Jahrhunderts: Rainer Maria Rilke, Thomas Mann und Hermann Hesse verbindet mit der Schweiz – auch wenn Hesse Bürger des Landes war – in erster Linie die Tatsache, daß sie für kürzere oder längere Zeit hier lebten und arbeiteten. Sie als Schweizer Autoren zu bezeichnen und für eine Literaturgeschichte der Eidgenossenschaft zu vereinnahmen, wäre eine Anmaßung. Immerhin, die Schweizerische Landesbibliothek, nach ihren selbstgegebenen Regeln, sammelt ihre Veröffentlichungen gewissenhaft, wobei im Fall von Hesse und Rilke hinzukommt, daß größere Teile ihres literarischen Nachlasses im Schweizerischen Literaturarchiv aufbewahrt werden. Was ihre Veröffentlichungen in der Insel-Bücherei betrifft, so ist Thomas Mann, der Fischer-Autor, mit vier Titeln vertreten (IB 312, 637, 815, 900); von Hermann Hesse, der von Fischer zu Suhrkamp kam, sind bis 1995 neun Titel hier erschienen, und zu drei weiteren: Matthias Claudius' *Wandsbecker Boten* (IB 186), zu den *Märchen und Legenden aus den Gesta Romanorum* (IB 388) und zu Frans Masereel: *Geschichte ohne Worte* (IB 433) hat er die Nachworte geschrieben. *Vom Baum des Lebens. Ausgewählte Gedichte* (IB 454) erreichte 22 Auflagen; *Klingsors letzter Sommer* kam 1951 in die Bücherei (IB 502), *Die späten Gedichte* erschienen als Nr. 803 in Frankfurt 1963 und 1985, in Leipzig 1968, und *Kurgast. Aufzeichnungen von einer Badener Kur* 1964 (IB 814). Die Idyllen *Stunden im Garten. Der lahme Knabe* hat Gunter Böhmer mit Zeichnungen und Aquarellen illustriert und mit einem Nachwort begleitet (IB 999), IB 1016 nimmt den berühmten *Demian. Die Geschichte von Emil Sinclairs Jugend* von 1919 auf und IB 1042 *Traumfährte. Neue Erzählungen und Märchen.* IB 1131 ist ein ganz früher Text Hesses (1904): *Boccaccio. Der Dichter des Dekameron.*

Wie sehr Rilke, in der Schweiz vom Sommer 1919 bis zu seinem Tod in Valmont, der Autor des Insel-Verlags und der Insel-Bücherei ist, von wortwörtlich ihrer Nr. 1, der *Weise von Liebe und Tod des Cornets Christoph Rilke,* bis heute, braucht nicht belegt zu werden. In den 13 Folgen seiner Spezialbibliographie »Rilke in der Insel-Bücherei«[5] hat Jochen Lengemann die einzelnen Ausgaben von Werken und Übersetzungen Rilkes in der Bücherei beschrieben. Zur Zeit stehen weniger die geschlossenen Texte Rilkes im Vordergrund, sondern ausgewählte, unter oder zu einem Thema versammelte: *In einem fremden Park. Gartengedichte* (IB 1120), *Wie soll ich meine Seele halten. Liebesgedichte* (IB 1150), *Weihnachtsbriefe an die Mutter* (IB 1153), *Rainer Maria Rilke und Lally Horstmann. Eine Begegnung in Val-Mont* (IB 1169). Eine hübsche weltliterarische Kombination stellt IB 1163 her: *Francesco Petrarca an Francesco Dionigi von Borgo san Sepolcro in Paris: Die Besteigung des Mont Ventoux;* im Nachwort wird auf Rilkes Beschäftigung mit dem Brief hingewiesen und auf seinen Plan einer Übersetzung, die Anton Kippenberg im Sommer 1911 und vielleicht schon damals für die Insel-Bücherei angeregt haben könnte; sie blieb liegen und ist auch 1922, als Rilke wieder davon sprach, offenbar nicht abgeschlossen worden.[6] Schließlich ist Rilke der Autor, *über* den, neben Goethe, in der Reihe am meisten zu finden ist: Robert Minder widmete ihm einen Essay in *Kultur und Litera-*

---

[5] IB.M. Nr. 2 (1990) bis Nr. 17 (1998).
[6] RAINER MARIA RILKE: Briefwechsel mit Anton Kippenberg, wie Quellenverzeichnis S. 27, Bd. 1, S. 261; RAINER MARIA RILKE: Sämtliche Werke. 7. Bd.: Die Übertragungen. Hrsg. von Karin Wais und Walter Simon. Frankfurt am Main und Leipzig 1997, S. 1288 f.

tur in Deutschland und Frankreich (IB 771), 1966 nahm die Reihe Marie von Thurn und Taxis-Hohenlohes *Erinnerungen an Rainer Maria Rilke* auf (IB 888), und Siegfried Unseld stellte 1978 in IB 1000 *Das ‚Tagebuch' Goethes und Rilkes ‚Sieben Gedichte'* nebeneinander.

Beidseits der Grenze

Bei der Berücksichtigung von Publikationen ausländischer Autoren, die sich in der Schweiz aufhielten oder -halten, wendet die Schweizerische Landesbibliothek ein System von Kriterien an, das durchaus sinnvoll und kohärent ist, wenn auch eher von äußerlichen Tatbeständen als von innern Zusammenhängen bestimmt. In der Regel gilt, daß Werke eines ausländischen Autors während der Dauer seines Aufenthalts in der Schweiz berücksichtigt werden, wobei Ausnahmen zugelassen sind: Werke von und über Friedrich Nietzsche, Rainer Maria Rilke, Rudolf Steiner sammelt die Landesbibliothek vollumfänglich. Einige chronologisch gereihte Beispiele für das Verfahren, soweit es die Insel-Bücherei berührt.

Von Ferdinand Freiligrath, 1845/1846 im Schweizer Exil, kommen die *Gedichte* IB 978 in Betracht, von Georg Herwegh – auch er im Schweizer Exil – die ausgewählten Gedichte unter dem Titel *Morgenruf* (IB 867). Zu Friedrich Nietzsche (1844-1900), in der Schweiz 1870-1889, sammelt die Landesbibliothek, wie gesagt, alle Publikationen in allen Sprachen – vielleicht weil er bis zu seinem Tod Basler Professor geblieben ist? Man findet also die *Gedichte* (IB 361), *Freundesbriefe* (IB 421), das *Nietzsche-Brevier* (IB 438) und *Vom Nutzen und Nachteil der Historie für das Leben* (IB 523), *Die Geburt der Tragödie aus dem Geiste der Musik* (IB 146) und als neuesten Titel die »Textcollage« von Dieter Borchmeyer: *Nietzsche. Cosima. Wagner. Das Tribschener Idyll. Glück und Ende* (IB 1181). Ricarda Huch

(1864-1946), in der Schweiz von 1887 bis 1896, hat in Zürich als eine der ersten Frauen promoviert (hochaktueller Titel ihrer Dissertation *Die Neutralität der Eidgenossenschaft*),[7] und man wird davon ausgehen dürfen, daß die zehn in der Insel-Bücherei erschienenen Titel in der Schweizerischen Landesbibliothek vorhanden sind. Rudolf Kassner (1873-1959), vom Ende des Zweiten Weltkriegs an in Siders/Sierre, wo er gestorben und begraben ist, ist für diese Zeit, aber auch später mit allen IB-Publikationen und -Übersetzungen präsent: *Von der Eitelkeit* (IB 110), *Von den Elementen der menschlichen Größe* (IB 593), Tolstoi: *Der Tod des Iwan Iljitsch* (IB 52), Dostojewski: *Der Großinquisitor* (IB 149), Puschkin: *Pique Dame* (IB 314). Edzard Schaper (1908-1984) hat seit 1947 in der Schweiz gelebt, wurde 1961 Schweizer Bürger und steht, wenn alles seine Ordnung hat, mit der Übersetzung von Gunnar Gunnarsons *Haus des Blinden* (IB 474), mit *Die Arche die Schiffbruch erlitt* (IB 471) und mit dem *Lied der Väter* (IB 514) im Bibliotheksmagazin. Bei Friedrich Schnack (1888-1977), diesem außerordentlich arbeitsamen Autor, zählen die Schweizer Jahre 1953-1959, sind deshalb eine ganze Reihe von Insel-Bücherei-Titeln aus dem Rahmen gefallen und nur gerade die Naturdichtung *Clarissa mit dem Weidenkörbchen* (IB 572), *Das kleine Buch der Tropenwunder* (IB 351) und *Das kleine Schmetterlingsbuch* (IB 213) eingelangt – alle anderen »Kleinen« Bücher fehlen. Elias Canetti (1905-1994) hat 1971 Wohnsitz in Zürich genommen, so daß, merkwürdigerweise, IB 1066 *Die Stimmen von Marrakesch* (1987) ein Helveticum ist. IB 1025 *Der ferne Bach* und IB 1161 *Janssen und wir* von Wolfgang Hildesheimer (1916-1991) sind vorhanden, weil der Autor von 1958 an in Poschiavo lebte und 1982 Schweizer Bürger wurde. Auch für Rolf Hochhuth (geb. 1931), von 1963 bis vor kurzem in und bei Basel, gilt die Aufent-

---

7 Vgl. SIGRID FREYTAG: Die Autorin und ihr Verleger – Ricarda Huch und Anton Kippenberg. In: IB.M. Nr 13 (1996), S. 8-20, und Nr. 14 (1996), S. 7-22.

haltsregel, die verlangte, zum Beispiel IB 1119: *Tell gegen Hitler* (1992) anzuschaffen – dies aber auch wegen der beigestellten Rede des Basler Germanisten Karl Pestalozzi.

Die Schweiz als Thema

Der Fall Hochhuth liegt noch etwas anders. Einerseits hat er vor kurzem dem Schweizerischen Literaturarchiv seinen Vorlaß übergeben, so daß natürlich seine Werke in allen Ausgaben, Bearbeitungen, Übersetzungen usw. vollumfänglich im Haus sein müssen. Andererseits ist ein Text über Tell eo ipso ein sogenanntes »primäres Helveticum«. Dieses inhaltliche ist gleichzeitig das schwierigste Kriterium, weil nicht immer und auf den ersten Blick zu erkennen ist, ob in einem Werk irgendwo von der Schweiz die Rede ist und in einem Umfang, der eine Anschaffung rechtfertigt. Wenn Tom Clancy, um ein beliebiges Beispiel zu nehmen, in »Executive Orders«, auf einer Seite in einem (allerdings instruierten und instruktiven) Satz eine (fiktive) schweizerische Fluggesellschaft erwähnt, dann ist das kein ausreichender Grund, um die n100-1 übrigen Seiten mitzukaufen. Wenn aber IB 358 *Ein hübsch Spiel gehalten zu Ury in der Eydgnossschaft von Wilhelm Thellen, ihrem Landmann und ersten Eydgnossen* ist, wenn in IB 450 und 560 sich unter den Abbildungen aus der Manessischen Handschrift, ohnehin von einem Zürcher veranlaßt, auch Schweizer Minnesänger befinden, IB 136 Tolstois *Luzern* aufnimmt und die *Kleine Chronik* von Stefan Zweig (IB 408) die *Episode vom Genfersee* enthält, dann öffnen sich die Magazine der Landesbibliothek.

Musik und Kunst

Dokumente der Musik und Kunst im Programm der Insel-Bücherei, die man mit einigem Recht als »schweizerisch« betrachten kann, haben eindeutig den Zug zu Internationalität, der, wie es im Abschnitt »Beidseits der Grenze« vielleicht schon deutlich wurde, ein Charakteristikum der Sammlungen der Landesbibliothek ist und den vermeintlich engen Helveticum-Begriff stark relativiert bzw. ausweitet.

Als Beispiel seien Ferruccio Busoni und sein 1907 in Triest erschienener *Saggio di una nuova estetica musicale* erwähnt. Rilke, der dem Komponisten in Berlin begegnete, empfahl Anton Kippenberg diesen Text als »eine Reihe Anmerkungen aus innerster Erfahrung und vollzähligster Überzeugung heraus; nur in Beethoven's Briefen noch, scheint mir, giebt es solches Bewusstsein um Musik« (3. März 1914). Der *Saggio* wurde 1916 als IB 202 veröffentlicht: *Entwurf einer neuen Ästhetik der Tonkunst*, mit der Widmung: »Dem Musiker in Worten Rainer Maria Rilke verehrungsvoll und freundschaftlich dargeboten« – und ist ein Helveticum, da Busoni sich zwischen 1915 und 1920 in Zürich aufhielt. Einen großen Teil seines Lebens hat, in Basel geboren, in Zürich gestorben, am Vierwaldstättersee niedergelassen, der Pianist Edwin Fischer (IB 665: *Von den Aufgaben des Musikers*, IB 853 *Ludwig van Beethovens Klaviersonaten*) in der Schweiz verbracht. Yehudi Menuhin (IB 655: J.S. Bach: *Sonaten und Partiten für Violine allein*) ist seit 1956 in Gstaad ansässig und besitzt seit 1970 ein Schweizer Ehrenbürgerrecht. Paul Hindemith (IB 575: *J.S. Bach. Ein verpflichtendes Erbe*) hat verschiedentlich in der Schweiz gelebt – ihnen allen voraus aber Richard Wagner, dessen Schriften 1913 in die Insel-Bücherei aufgenommen wurden (Nr. 93 bis 112). Er lebte von 1849 bis 1858 in Zürich, 1866 bis 1872 in der Villa Tribschen bei Luzern; hier heiratete er Cosima Liszt, vollendete er »Die Meistersinger« und »Siegfried« und begann die »Götterdämmerung«; das Tribschener Idyll, die Besuche Nietzsches und des Idylls Ende ist in IB 1181 dargestellt.

Auch für die Schweizer bildende Kunst, wie sie sich mit

Namen und Schicksalen in der Insel-Bücherei spiegelt, ist eine Bewegung ins Internationale, ins Abenteuerliche und Exotische zu behaupten. So greift IB 121 *Das Buch Judith* bzw. *Das Buch Ruth. Das Buch Judith* zurück auf die Zürcher Bibel von 1536 mit den Holzschnitten nach Hans Holbein d. J., der zwischen Basel, Frankreich und London reiste, wo er sich 1532 als Hofmaler Heinrichs VIII. niederließ. IB 95 enthält *Bildnisse* des Basler Künstlers, und IB 221, der erste Bildband der Reihe, seine *Bilder des Todes*: »(...) wir wünschen uns sehr, dass Sie ein kurzes Nachwort dazu schreiben möchten. Ob das wohl möglich ist? Vielleicht trifft es Sie so, dass Sie sich sogleich daran setzen und den nächsten Tag ist es fertig. Wäre das wohl möglich, und wenn auch nicht in dieser Disposition, dann wohl etwas später und überhaupt«, schrieb Katharina Kippenberg am 8. Februar 1917 an Rilke. Er lehnte ab: »Liebe Freundin, ob ich mich gleich der Insel nun dringend als unentbehrlicher Hülfsarbeiter empfohlen habe, so fasst Ihre Anregung, die Totentänze betreffend, doch nicht Boden bei mir; ich bin, wie Sie wissen, sehr schwer und langsam im Einstellen zu von aussen Gegebenem und mein innres Erdreich ist gefroren und unbearbeitbar im Augenblick (...)« (12. Februar 1917). Urs Graf (1485-1529), der Solothurner, der von 1509 an in Basel wirkt, hat das Landsknechts- und Volksleben, das er darstellt (IB 664: *Federzeichnungen*), aus nächster Nähe auch erlebt. Der Zürcher Jost Amman (1539-1591) arbeitet in Nürnberg (IB 133: *Das Ständebuch* von 1558; IB 950: *Das Frauentrachtenbuch* von 1586) und hat von dort aus das europäische Kunstschaffen beeinflußt. Maria Sibylla Merian (1647-1717), Tochter Matthäi Merian d. Ä., hat den Weg von Frankfurt über Friesland nach Amsterdam und Surinam genommen (IB 351: *Das kleine Buch der Tropenwunder*). Jean-Etienne Liotard (1702-1789), Genfer, wirkt in Paris und Neapel, vier Jahre in Konstantinopel (»le peintre turc«), malt in Wien die kaiserliche Familie (IB 613: *Die*

Kinder der Kaiserin), und damit sind noch längst nicht alle Stationen seiner mehr als europäischen Biographie genannt.

Für das 20. Jahrhundert dokumentieren die Kunst-Bändchen eine gegenläufige Bewegung. Ernst Ludwig Kirchner (1880-1938) kommt 1916 in die Schweiz und lebt bis zu seinem Tod 1938 in Davos/Frauenkirch; von ihm erscheinen in der Insel-Bücherei 29 Zeichnungen unter dem Titel *Im Tanzcafé* (IB 770), 46 Holzschnitte in Georg Heyms *Umbra vitae* (IB 749), und er hat beigetragen zu den »farbigen Kartengrüßen an Rosa Schapire« der *Maler der Brücke* (IB 678). Paul Klee (IB 294: *Handzeichnungen*; IB 800: *Traumlandschaft mit Mond*) wird 1879 in Bern geboren, wächst hier auf, kehrt 1933 hierher zurück, bleibt im »sanften Trug des Berner Milieus« ansässig bis zu seinem 1940, kurz vor der Einbürgerung erfolgten Tod. Gunter Böhmer (1911-1986), der Gogols *Mantel* (IB 24) und Hesses *Stunden im Garten* (IB 999) illustriert, kommt aus Dresden in die Schweiz, wird 1951 Bürger von Montagnola und Hesses Nachbar und Freund. 1950 erhält Imre Reiner (1900-1987) das Tessiner Bürgerrecht; über seine Arbeit als Illustrator der Insel-Bücherei (IB 296, 314, 754, 1112; aber offenbar nicht Nr. 539) hat Erich Fitzbauer in den *Insel-Bücherei. Mitteilungen für Freunde* Nr. 5 geschrieben.

Schluß und – Ausblick?

Im Vorwort zur Bibliographie *75 Jahre Insel-Bücherei* hat Siegfried Unseld Jens Peter Jacobsens Bild des Perlentauchers aufgegriffen und auf die Sammlung angewendet. Man könnte die Insel-Bücherei auch, und ganz ohne Malice, mit einem Schleppnetz vergleichen, das seit Jahrzehnten durch das unendliche Meer der Dichtung, Kunst, Musik gezogen wird und Fänge macht und kleine und große, erwartete und unerwartete Schätze an die Oberfläche hebt. Je nach Lichteinfall und Blickwinkel ergeben sich bestimmte thematische Muster, ergibt sich auch ein »Schweizer« Muster, so wie es beschrieben worden ist: bunt gemischt, facettenreich, spielerisch zusammengesetzt aus unterschiedlichsten Aspekten, Namen, Schicksalen.

Nun könnte man auch nach der Schweiz fragen, die in der Insel-Bücherei gerade nicht abgebildet ist. Was fehlt? Auffallend selten und nur gerade durch Henri de Catt (1725-1795; IB 284) und Benjamin Constant (1767-1830; IB 435, 776) vertreten sind Autoren der Westschweiz, des Tessins, der rätoromanischen Schweiz.[8] Es fehlt ein Geist wie Johann Georg Zimmermann (immerhin kommt er im *Inselschiff* vom Frühling 1936 zu Wort). Es sind nicht vorhanden Dürrenmatt und Frisch, Hohl und Hohler, Paul Nizon und Gertrud Leutenegger und manche anderen, jüngeren – älteren wie Jean Rudolf von Salis, Carl J. Burckhardt oder – noch weiter zurück: Carl Spitteler, Eduard Korrodi, Leonhard Ragaz. Wünschen wir also der Insel-Bücherei ein langes, ausdauerndes Weiterbestehen...

Quellen:

DER INSEL-VERLAG. Eine Bibliographie 1899-1969. Bearb. und hrsg. von Heinz Sarkowski. Frankfurt am Main: Insel-Verlag 1970.

75 JAHRE INSEL BÜCHEREI. Eine Bibliographie. Mit 44 Abbildungen. Bearb. und hrsg. von Herbert Kästner. Leipzig: Insel-Verlag Anton Kippenberg 1987, mit einem Vorwort von Herbert Kästner; Frankfurt am Main: Insel Verlag 1987, mit einem Vorwort von Siegfried Unseld.

RAINER MARIA RILKE: Briefwechsel mit Anton Kippenberg 1906 bis 1926. Hrsg. von Ingeborg Schnack und Renate Scharffenberg. 2 Bde. Frankfurt am Main und Leipzig: Insel Verlag 1995

RAINER MARIA RILKE und KATHARINA KIPPENBERG: Briefwechsel. Hrsg. von Bettina von Bomhard. Wiesbaden: Insel-Verlag 1954.

---

8 Vgl. aber die von ROBERT FAESI 1921 in der *Bibliotheca Mundi* – auch einer Reihe des Insel-Verlags – herausgegebene *Anthologia Helvetica*.

Sigrid Freytag

Ein Leben als »Herrin der Insel«

Im *Insel-Almanach auf das Jahr 1996* schreibt Siegfried Unseld in seinem Essay über Anton Kippenberg, daß dessen »Bild unvollständig wäre, wenn nicht Katharina Kippenbergs gedacht würde«, und er bemerkt weiter:

»Ehefrauen von Verlegern – warum ist ihrer bisher so wenig gedacht worden, ein Kapitel Verlagsgeschichte, das noch geschrieben werden müßte.«[1]

In der Tat ist der Insel-Verlag in den Jahren 1905 bis 1947 ohne das Wirken Katharina Kippenbergs nicht denkbar. Nicht nur als Gattin des Verlegers, sondern zugleich als von den Autoren geschätzte, mitunter aber auch gefürchtete Lektorin war sie als engagierte Mitarbeiterin der »Insel« unmittelbar mit den Verlagsaktivitäten befaßt. Eindrücke und Schilderungen von ihrer Arbeit im Verlag sind durch Dritte überliefert. Eigene Texte, die biographische Rückschlüsse zulassen, hat sie nur in geringem Umfang hinterlassen. So kann nur der Versuch unternommen werden, aus ihren Briefen, aus Dokumenten und Überlieferungen anderer Personen ein Lebensbild von Katharina Kippenberg zu zeichnen.

Katharina Kippenberg wurde als Katharina von Düring am 1. Juni 1876 als fünftes Kind des Ehepaares Marie von Düring, geb. Neubourg, und Hermann Hartwig von Düring in Hamburg im elterlichen Haus in der Johnsallee 10 geboren. Über die Familiengeschichte und das Familienleben gibt sie selbst sehr anschaulich in ihrem Bericht *Hermann Hartwig von Düring*.

---

1 SIEGFRIED UNSELD: Anton Kippenberg: »Den Besten seiner Zeit genugthun«. Sonderdruck aus dem ›Insel-Almanach auf das Jahr 1996‹. Frankfurt am Main 1995, S. 44.

Ein Bild seines Lebens Auskunft, den sie 1928 zum Gedenken an den 100. Geburtstag ihres Vaters für die Familie schrieb und der danach als Privatdruck bei Poeschel und Trepte in Leipzig erschien.

Katharina Kippenberg würdigt das Leben des Vaters als unermüdlichen Geschäftsmann, der bestrebt war, den Familienbesitz zu wahren und seiner eigenen Familie ein ihrem gesellschaftlichen Stand entsprechendes Leben zu ermöglichen. Wir erfahren, daß die Familie von Düring zum bremischen Uradel gehört und daß der Hof der Familie in Moorburg nach dem Tod von Katharinas Großvater versteigert wurde. Zur Zeit dieses wirtschaftlichen Zusammenbruchs war Hermann Hartwig von Düring als Spätgeborener erst zwei Jahre alt. Als er dann später als Kaufmannslehrling in Harburg begann, war sein wichtigstes Ziel, den Familienbesitz wieder zurückzugewinnen. Da er sich von einer Arbeit im Ausland raschere Erfolgsaussichten für dieses Ziel versprach, ging er als 21jähriger im April 1849 an Bord eines Schiffes, das ihn nach Mexiko bringen sollte. Am 10. Juni des gleichen Jahres traf er in Veracruz ein und begann, in einer dort ansässigen Kaufmannsfirma an seinem sozialen Aufstieg zu arbeiten. Bereits 1857 schrieb er seiner Mutter, »daß er seine Zukunft als gesichert ansehen könne und er eine hübsche Position errungen habe.«[2]

Bald darauf gründete Hermann Hartwig von Düring eine eigene Firma, die sich dem Handel mit nützlichen Eisenwaren verschrieben hatte. So konnte er 1864 bei einem längeren Deutschlandaufenthalt dank seiner Einkünfte den Moorburger Hof zurückkaufen und an die Gründung einer eigenen Familie denken. Im September des gleichen Jahres hielt er um die Hand von Marie Neubourg an, und bereits im November 1864 fand die Hochzeit statt. Bald nach der Trauung ging das junge Paar

2 KATHARINA KIPPENBERG: Hermann Hartwig von Düring. Ein Bild seines Lebens. Privatdruck. Leipzig 1930, S. 17.

für fünf weitere Jahre nach Veracruz. Im November 1865 wurde das erste Kind des Ehepaares von Düring geboren, der Sohn Carlitos. Die damaligen politischen Unruhen im Land veranlaßten die Familie, ihren Wohnsitz von Veracruz in die deutsche Kolonie von Mexiko-Stadt zu verlegen. In Mexiko wurde Katharinas älteste Schwester Maria Luisa geboren.

Das blühende Leben in dem bereits damals großstädtischen Mexiko teilten die von Dürings mit mehreren befreundeten Ehepaaren, zu denen auch das Ehepaar Heymel gehörte. Sie konnten nach Katharina Kippenbergs Worten den Tod eines Kindes nicht überwinden und adoptierten später als Sohn Alfred Walter.

Im Jahr 1869 beschloß der Vater, die Firma fortan von Hamburg aus zu leiten, und die Familie kehrte nach Deutschland zurück. Als erstes Kind in der alten, neuen Heimat wurde Anita geboren, die spätere Gräfin von Schwerin, auf deren Landsitz Lemmersdorf in der Uckermark Katharina mit ihren Töchtern in späteren Jahren so manchen Sommer verbrachte.

Mehrfach reiste Hermann Hartwig von Düring zeitweise wieder nach Mexiko, um sein Geschäft direkt vor Ort zu leiten. Die Mutter blieb mit den Kindern im gegenüber Mexiko düsteren und kalten Hamburg zurück. Nach der Geburt der Tochter Margarethe kaufte der Vater ein Haus im neuen Stadtteil Hamburgs – Harvestehude –, endlich ein Haus mit Garten, heller und freundlicher Südseite.

»Das erste Ereignis in diesem Haus war die Geburt der vierten Tochter, die nach Papas Schwester Katharina getauft wurde. Wie die Verhältnisse damals für Frauen lagen, war es für ein weibliches Wesen schwer, sich einen Platz im Leben zu erobern, und so schätzte man den Wert der Knaben und Mädchen sehr verschieden ein. Nicht so unser Vater, und wenn er es tat, so ließ er, zart gesinnt, es niemals merken, denn er erklärte jedesmal, wenn eine neue Tochter erschien, gerade eine Tochter hätte er sich gewünscht. Und man darf es ihm glauben. Denn es gab in der Folge keinen liebevolleren, freundlicheren

Vater als ihn. Er machte tausend kleine Scherze mit seinen Kindern, nannte sie Mamiechen, Itentiten, Dedel und alle zusammen seine Pantuppis und Verzüge Nr. 1 bis 6, denn mit Charlotte und Luise waren wir sechs Schwestern geworden«,

schreibt Katharina Kippenberg.[3]

In dieser Textpassage klingt sehr schön ein Eindruck vom persönlichen Klima in Katharinas Elternhaus, das die Tochter wohlbehütet aufwachsen ließ, an. Das Haus muß wohl einem Bienenstock geähnelt haben, denn sie teilt auch mit, daß der Vater sich über den dauernden Lärm des Klavierübens und der Auftritte der vielen weiblichen Wesen im Haus beklagte, denn jede seiner Töchter hatte natürlich auch noch einen »Planetenschwarm« von Freundinnen mit ins Haus gebracht. Man kann sagen, daß Katharina Kippenberg von Kindheit an das Leben in einem »großen« Haus gewohnt war.

Im weiteren äußert sich Katharina Kippenberg auch darüber, daß es Ende des 19. Jahrhunderts für die Töchter aus gutem Haus im wesentlichen um die Bildung und Erziehung für eine vorteilhafte spätere Verheiratung ging. Die Töchter erhielten in der Regel eine musikalische und zeichnerische Ausbildung und pflegten ihre Talente bei der Anfertigung von Handarbeiten. Im Hause von Düring wurden die Töchter aber auch zur Sparsamkeit erzogen, unnütze Ausgaben waren dem Vater ein Graus.

Katharina Kippenberg merkt an, daß in der damaligen Zeit nicht daran zu denken war, daß ein Mädchen aus ihren Kreisen einen Beruf ergreifen und in der Arbeit Erfüllung finden könnte. Diese Lebensperspektive blieb allein den Jungen vorbehalten. Hier klingt an, daß sie selbst ihre eigene Arbeit im Insel-Verlag in ihrer Kindheit und Jugend wohl noch nicht auf diese Weise für möglich gehalten hätte. Aus der Sicht des Jahres 1928 muß es ihr schon wie eine Widerspiegelung der Fort-

3 KATHARINA KIPPENBERG, wie Anm. 2, S. 52.

schritte der Frauenbewegung in ihrer Person vorgekommen sein, daß sie nicht nur den traditionellen Vorstellungen entsprechend Hausfrau geblieben ist, sondern aktiv Tätige in einer beruflichen Position, die sie sich zum großen Teil selbst erarbeitet hatte. Das spricht für ihre intellektuellen Fähigkeiten, ihr Durchsetzungsvermögen, ihre starke Persönlichkeit.

Kehren wir noch einmal zum von Düringschen Familienleben zurück. Der Vater war in steter Sorge um das Gedeihen seiner Firma, da er den Lebensunterhalt für die Familie gesichert sehen wollte. Die Strapazen der mehrmaligen Reisen nach Mexiko und vielfältige geschäftliche Sorgen zehrten an seinen Nerven und führten zu einer schweren Erkrankung. Im Frühsommer 1893 starb er und hinterließ die große Familie; von den Töchtern war nur die älteste bereits verheiratet. Carlitos, der einzige Sohn, war Offizier bei den Halberstädter Kürassieren. Er, dessen Bild in einem Silberrahmen später auf Katharinas Schreibtisch stand, starb 1902 im Alter von 36 Jahren noch unverheiratet. Katharina von Düring war mit 17 Jahren Halbwaise. Über ihren weiteren Lebensweg konnte vom Vater nicht mehr entschieden werden, und auch der ältere Bruder, der in der Regel nach dem Tod des Vaters als Familienoberhaupt über den Lebensweg der Schwestern mitzuentscheiden hatte, war tot, als Katharina gerade Mitte Zwanzig war. Es ist zu vermuten, daß sie auch aus dieser familiären Situation heraus bemüht war, ihr Leben fortan in die eigenen Hände zu nehmen.

Katharina von Düring hatte eine gute schulische Ausbildung genossen. Zur damaligen Zeit war es vor allem auch aufgrund der objektiven Hindernisse jedoch noch ungewöhnlich, daß sich Frauen für ein Universitätsstudium entschieden. Wir wissen nicht, was sie bewogen haben mag, nach Leipzig zu gehen. Frauen konnten sich an der Leipziger Universität erst im Jahr 1906 immatrikulieren lassen. Eine Teilnahme an Vorlesungen war nur über eine Eintragung in die Gasthörerliste möglich.

Und dort hat sich Katharina eingeschrieben. Sie ist im Gasthörerverzeichnis der Leipziger Universität mit folgenden Eintragungen vermerkt:

Wintersemester 1903/04:
  Nr. 135   21. 12. 1903   von Düring, Catharina   Arndtstr. 10
Sommersemester 1904:
  Nr. 445   29. 07. 1904   von Düring, Catharina   Arndtstr. 12
Wintersemester 1904/05:
  Nr. 172   01. 12. 1904   von Düring, Catharina   Arndtstr. 12

Welche Vorlesungen sie konkret besuchte, läßt sich heute nicht mehr nachweisen. Da ihre Interessen offenbar besonders im Bereich der Geschichte, der Philosophie und der Philologie lagen, muß man sicher nicht hoch spekulieren, um anzunehmen, daß sie möglicherweise auch Vorlesungen des Germanisten Albert Köster, Inhaber des Lehrstuhls für neue deutsche Literatur, besucht haben könnte. Prof. Albert Köster war Mentor und vor allem Doktorvater Anton Kippenbergs. Wenn man einige Vorlesungen Prof. Kösters aus den betreffenden Semestern als Anhaltspunkt nimmt, kann vermutet werden, daß Katharina von Düring unter Umständen bei ihm gehört haben könnte, denn das Vorlesungsverzeichnis der Leipziger Universität weist von den Vorlesungen Prof. Albert Kösters folgende aus, die für die spätere Tätigkeit der Gasthörerin als Lektorin und Herausgeberin und die damit verbundenen Fähigkeiten im Umgang mit literarischen Manuskripten nicht unbedeutend gewesen sein dürften:

Wintersemester 1903/04:
  – Geschichte der deutschen Literatur im 18. Jahrhundert
  – Erklärung sämtlicher Gedichte Goethes in chronologischer Reihenfolge
Sommersemester 1904:
  – Geschichte und Theorie der neuhochdeutschen Metrik
Wintersemester 1904/05:

- Einleitung in die Faustsage und Interpretation von Goethes Faust
- Schiller.

Anton Kippenberg als Goethekenner und vor allem Goetheverehrer nahm in diesen nach seinen Worten glücklichen Leipziger Jahren am Beginn des Jahrhunderts an den jährlich stattfindenden Hauptversammlungen der Goethe-Gesellschaft in Weimar teil. Im Frühsommer 1905 könnte auch die Empfehlung Prof. Kösters an seine Hörer ergangen sein, die Vorträge und Veranstaltungen in Weimar zu besuchen. Was letztlich Katharina von Düring veranlaßte, nach Weimar zu gehen, und wer ihr Anton Kippenberg als Tischherrn zuwies, wissen wir nicht. Aber von diesem Zeitpunkt an haben beide nicht nur ihr Interesse für Goethe, sondern auch das Interesse füreinander vertieft.

Nach einer Mitteilung des Universitätsarchivs Leipzig sind im Gasthörerverzeichnis nach den vermerkten drei Semestern keine Eintragungen mehr von Katharina von Düring nachweisbar.

»Weitere Angaben lassen sich aus dem Hörerverzeichnis nicht entnehmen. Offenbar hat sie später ihre Studien nicht weiter fortgesetzt, sich auch nicht als Studentin immatrikulieren lassen. Damit entfallen alle Nachweismöglichkeiten über Studienfächer und Abschlüsse.«[4]

Die Ursache dafür liegt bekanntlich darin, daß im Sommer 1905, also nach dem Ende des Wintersemesters, die Beziehung von Katharina von Düring und Anton Kippenberg so tief und innig geworden war, sie vereinte nicht nur die Herkunft aus einem norddeutschen Elternhaus im sächsischen Leipzig ebenso wie die Zuneigung zu Goethe, sondern auch eine so starke persönliche Nähe, daß sie bereits nach einem halben Jahr der Bekanntschaft, nämlich am 12. Dezember 1905, heirateten. An-

[4] Nach einer schriftlichen Mitteilung aus dem Archiv der Universität Leipzig vom 27. 5. 1997.

ton Kippenberg, gerade Mitgesellschafter des Insel-Verlages geworden, ging mit Enthusiasmus an die Verwirklichung seiner Vorstellungen von der zukünftigen Verlagsarbeit. Katharina Kippenberg widmete sich vorerst ganz standesgemäß ihren familiären Verpflichtungen. Im Dezember 1906 wurde Jutta geboren, und im November 1910 folgte Bettina als zweite Tochter.

Aus dem Briefwechsel Katharina Kippenbergs mit Rainer Maria Rilke erfahren wir so manches über die Gepflogenheiten im Hause Kippenberg, das scherzhaft im Freundes- und Bekanntenkreis »Palazzo Chippi« genannt wurde. Katharina berichtet von dem sich in der täglichen Verlagsarbeit aufopfernden Anton Kippenberg. Nach heutigem Verständnis wäre die Bezeichnung »Workaholic« für ihn durchaus zutreffend. Katharina arbeitete von Beginn der Ehe an, anfangs allerdings nur stundenweise, im Verlag mit. Gleichzeitig stand sie dem Haushalt vor. Natürlich hatten Kippenbergs mehrere Hausangestellte: Köchin und Haushälterin, Dienst- und Kindermädchen. Aber die Organisation des Haushaltes, die Arrangements zum Aufenthalt von Freunden und Gästen, die in der Tat zahlreich einkehrten, zur Bewirtung von Geschäftspartnern und zahlreichen Personen des Leipziger Gesellschaftskreises und die Gestaltung von Festen fielen über die Jahre in Katharinas Aufgabengebiet. Als Folge dessen schildert sie in ihren Briefen sehr häufig ihr Ausgebranntsein und ihre Müdigkeit, die sie als Dauerdruck und als ein Gefühl der Überarbeitung bis hin zur Depression empfand. So schrieb sie bereits 1913 an Rilke:

»Ich bin ja bereit, ich will die Gäste des Lebens empfangen, wenn sie kommen, und ich bin dankbar, aber mehr Kräfte wünsche ich mir, – sie sind alle, ehe es Abend wird, und ich kann dann nicht weiter.«[5]

5 K. Kippenberg an R.M. Rilke, Leipzig, 11. 6. 1913. In: RAINER MARIA RILKE – KATHARINA KIPPENBERG: Briefwechsel. Hrsg. v. Bettina von Bomhard. Wiesbaden: Insel-Verlag, 1954, S. 53.

Aus heutiger Sicht lebte Katharina Kippenberg bereits damals mit all den Alltagsproblemen, mit denen Frauen durch die Mehrfachbelastung von Beruf und Familie konfrontiert werden. In den Anfangsjahren der Ehe war Katharina Kippenberg von morgens bis mittags im Verlag. Danach versuchte sie, ausreichend Zeit den Töchtern zu widmen. Sie sah

»Jutta, das Kind im Papierhelm über den Rasen fliegend, die Haare hinterher wehend, fast Großartiges in kleine Form gedrängt. Und Bettina am Ohr, ›ich will Dir mal was Heimerliches sagen, ich wünsche mir zum Geburtstag ein Ssaukelpferd‹.«[6]

Sie gestand aber auch resignierend,

»bin ich in der Insel, müßte ich zu Hause sein, lese ich Bettina vor, müßte ich Briefe diktieren und so alles.«[7]

In späteren Jahren arbeitete Katharina Kippenberg, wenn die Kinder in der Schule waren, oft auch vormittags in ihrem Arbeitszimmer im Haus in der Richterstraße. Sie liebte den Blick auf den Garten und ganz besonders auf den Rilke-Fliederbusch, dessen alljährliches Blühen im Frühjahr immer wieder briefliche Erwähnung in der Korrespondenz mit Rilke gefunden hat. Hier hat sie in aller morgendlichen Ruhe Manuskripte gelesen und ihr zugesandte Neuerscheinungen einer ersten Prüfung unterzogen.

Besonders schwierig gestaltete sich das Familienleben während des 1. Weltkrieges. Katharina Kippenberg leitete kommissarisch den Verlag in der Zeit von Antons Abwesenheit in Flandern. Auch für den Haushalt Kippenberg war die Lebensmittelversorgung schwierig. Gemeinsam mit den Kindern baute Katharina im Garten des Gohliser Hauses Gemüse an. Es wurde extra eine Ziege angeschafft, um die Grundversorgung mit Milch zu sichern. Sie hat den Kindern auf der Veranda Märchen

6 K. Kippenberg an R.M. Rilke, Leipzig, 4.5.1914. In: Wie Anm. 5, S. 111.
7 K. Kippenberg an R.M. Rilke, Leipzig, 30.10.1918. In: Wie Anm. 5, S. 311.

vorgelesen und für ihre standesgemäße Ausbildung, natürlich auch in musischer Hinsicht, gesorgt. Nach dem Krieg ist sie mit den Kindern alljährlich in den Urlaub gefahren, oftmals ohne Anton, der im Verlag meist unabkömmlich war. Im Sommer weilten Kippenbergs in der Regel an der Nord- oder Ostsee, in der Uckermark, in der Lüneburger Heide oder im Schwarzwald. Im Winter fuhren sie nach Masserberg oder Oberhof im Thüringer Wald, manchmal aber auch an die See. Für Anton Kippenberg als Geschenk ließ Katharina von sich und den Kindern Porträts von Loulou Albert-Lazard malen. Als schönes Beispiel für das innige Familienleben steht auch, daß die Kinder von Anton Kippenberg immer den »Zuckerfisch« geschenkt bekamen. Dabei handelte es sich um ein Stück Zucker, das er nach Tisch aus seiner Kaffeetasse zu fischen pflegte und das Jutta und Bettina über alles liebten. Sie bezogen dieses Ritual sogar in ihr Spiel ein, indem sie mit Wassereimer und Steinchen »Zuckerfisch für die Gänse« produzierten.

Wie für alle Eltern vergingen auch für die Mutter Katharina Kippenberg die Kindheitsjahre ihrer Töchter zu schnell. 1924, zum 50. Geburtstag Anton Kippenbergs, wurde das Kinderzimmer zum Insel-Zimmer umgestaltet und enthielt fortan sämtliche im Insel-Verlag erschienenen Bücher. Die Töchter, nun fast erwachsen, nahmen am gesellschaftlichen Leben in Leipzig teil. Sie besuchten Bälle und begleiteten die Eltern in die Oper oder ins Gewandhaus. Noch im März 1926 schreibt Katharina Kippenberg an Rilke:

»In der vorigen Woche hat Jutta nach drei Jahren großer Arbeit ihr Abiturientenexamen vorzüglich bestanden, dazu mußte ja mein Gedenkbuch[8] fertig werden ... und eine Konfirmation ist zu feiern und die Brandung der alltäglich wiederkehrenden Insel- und Hauspflichten zu bewältigen.«[9]

8 In ihrem Gedenkbuch hatte K. Kippenberg ihrer älteren Tochter Jutta für jeden Tag des Jahres ein Gedicht oder einen Spruch notiert.
9 K. Kippenberg an R.M. Rilke, Leipzig, 12. 3. 1926. In: Wie Anm. 5, S. 576/77.

Katharina Kippenberg hat versucht, den Balanceakt zwischen ihren eigenen Interessen und der Arbeit im Insel-Verlag und ihren Verpflichtungen als Mutter und Hausfrau nach besten Kräften zu bewältigen. Allzuoft plagten sie aber auch Selbstzweifel darüber, ob es ihr immer nach besten Möglichkeiten und Fähigkeiten und zur Zufriedenheit aller gelang, die vielfältigen Aufgaben zu lösen. Da der Tag aber nur eine begrenzte Stundenzahl hat, mußte zwangsweise manches auf der Strecke bleiben. Meist rückte die Verlagsarbeit an die erste Stelle, und Haus und Töchter waren dem Personal überlassen. Diesen Zustand hat Katharina Kippenberg häufig beklagt und natürlich erheblich unter der Situation des Hin- und Hergerissenseins zwischen Haus und Verlag gelitten.

Unumstritten war Katharina Kippenberg die »Herrin der Insel«. Anfangs als Mitarbeiterin, in den Jahren des 1. Weltkrieges als Vertreterin ihres Mannes, dann als Prokuristin und letztlich als Mitkommanditistin wirkte sie aktiv in der täglichen Verlagsarbeit, erlebte über vierzig Jahre lang Höhen und Tiefen der »Insel«. Es gibt sehr viele Beispiele für ihr Wirken im Verlag, für ihren ganz persönlichen Arbeitsstil und für die Bereiche der Verlagsarbeit, die ihr besonders am Herzen lagen. Friedrich Michael, ehemaliger Mitarbeiter des Verlages und späterer Leiter der Zweigstelle Wiesbaden, hat sehr persönliche Schilderungen von der Lektorin und Verlegerin und ihrem Arbeitsumfeld im Verlagshaus in der Kurzen Str. 7 in Leipzig niedergeschrieben.[10] Er hat uns Eindrücke von ihrem Arbeitszimmer und der Art, wie sie mit Autoren und Mitarbeitern sprach, überliefert. Auch in dem eingangs erwähnten Essay von Siegfried Unseld finden sich Ausführungen über die Frau des Verlegers und ihr Wirken als Lektorin.

---

10 Vgl. Friedrich Michael: Der Leser als Entdecker. Betrachtungen, Aufsätze und Erinnerungen eines Verlegers. Sigmaringen: Jan Thorbecke Verlag 1983.

Als Ausschnitt aus Katharina Kippenbergs literatur- und kulturhistorischer, wie auch organisatorischer Arbeit soll ein Beispiel aus dem Jahre 1914 stehen. In diesem Jahr fand aus Anlaß des 150jährigen Bestehens der königlichen Akademie für graphische Künste und Buchgewerbe in Leipzig die Internationale Ausstellung für Buchgewerbe und Graphik (BUGRA) statt. Der Insel-Verlag hatte für die Präsentation der eigenen Produktion eine Ausstellungskoje von 42 m² angemietet, und Anton Kippenberg war Mitglied des Vereins zur Veranstaltung der Ausstellung. Für seine Tätigkeit, hauptsächlich wohl aber wegen seiner großzügigen finanziellen Bürgschaft, wurde ihm im Dezember 1914 der Königlich-Sächsische Staatspreis verliehen.

Innerhalb des Ausstellungskomitees gab es die Sondergruppe »Die Frau im Buchgewerbe und in der Graphik« mit einer Unterabteilung »Buchillustrationen« (inklusive Kinderbücher). Die Leitung dieser Untergruppe übernahm Katharina Kippenberg. Die zusammengetragenen Arbeiten, ausschließlich von Frauen, wurden in einem extra für diese Ausstellung errichteten, separaten Pavillon auf dem Ausstellungsgelände präsentiert.

Wenn man im Goethe- und Schiller-Archiv in Weimar die erhalten gebliebene Verlagskorrespondenz von Katharina Kippenberg aus den Jahren 1913/14 betrachtet, erhält man einen Eindruck vom Umfang der Arbeit, den die Ausstellungsvorbereitung für Katharina Kippenberg bei der Gestaltung ihrer Abteilung mit sich brachte. Sie schrieb an unzählige Verlage im In- und Ausland und bat um Namen von Buchillustratorinnen und um Leihgaben von Ausstellungsexemplaren der Bücher. Aber nicht nur die zu bewältigende Korrespondenz war umfangreich, auch persönliches Engagement war gefragt. Im Frühjahr 1914 schrieb sie an Rilke:

DAS HAUS DER FRAU
AUF DER BUCHGEWERBE-
WELTAUSSTELLUNG
LEIPZIG 1914

Postkarte an Katharina Kippenberg aus dem Jahr 1914
(Stiftung Weimarer Klassik GSA 50/63,3)

»... die ganze Sondergruppe ist in der denkbar bedrängtesten Lage und so wird an jedem Zentimeter des ‚Hauses der Frau', das von einer Architektin erbaut wird und einen ganz weiblichen Garten dazu bekommt, gespart. Wir scharren wie die Hühner in ganz Deutschland nach Geld und unsere Vorsitzenden sind in corpore, mit besten Hüten und neuen Handschuhen angetan, in Leipzig herumgezogen, das leere Portemonnaie öffnend, auf daß es gefüllt werde. Aber Leipzig ist nun erschöpft.«[11]

Aber letztendlich wurde die BUGRA-Ausstellung ein voller Erfolg. Katharina Kippenbergs Anliegen, darzustellen, welche Leistungen bis zum damaligen Zeitpunkt von Illustratorinnen in der Buchgeschichte vollbracht worden waren, konnte durch ihre exemplarische Auswahl eindrucksvoll aufgezeigt werden. Das Motto, das sie den von ihr gestalteten Ausstellungsräumen im Katalog mit auf den Weg gab, lautete:

11 K. Kippenberg an R.M. Rilke, Leipzig, 4. 3. 1914. In: Wie Anm. 5, S. 102.

»Was die Frau in Vergangenheit und Gegenwart auf dem Gebiete der Buchillustrationen geleistet hat, soll zum ersten Mal in dieser Abteilung gezeigt werden.«[12]

Sie nahm 128 Illustratorinnen aus Deutschland und 92 aus verschiedenen Staaten Europas, aus Japan und den USA in die Gestaltung der in ihrem Verantwortungsbereich liegenden Räumlichkeiten auf. Der Bogen reichte bei den deutschen Illustratorinnen von den historischen Abbildungen Maria Sibylla Merians über Kupferstiche von Angelica Kauffmann zu Goethe-Arbeiten bis zur zeitgenössischen Illustration im *Simplicissimus* von Käthe Kollwitz.

Katharina Kippenberg war nicht nur für die inhaltliche Gestaltung der Ausstellungsräume verantwortlich, sondern auch für die künstlerische. Mit akribischer Sorgfalt bemühte sie sich um die Papierauswahl für Dekorationszwecke, und selbst die Vorgaben für die Anfertigung und Gestaltung der Vitrinen lagen in ihrer Hand. Die Arbeit Katharina Kippenbergs für die BUGRA wurde vielfach gewürdigt und stellte in der Tat erstmals einen derartigen Gesamtüberblick über das buchkünstlerische Schaffen von Frauen dar.

In ihrer Arbeit als Lektorin konzentrierte Katharina Kippenberg mit den Jahren ihr Hauptaugenmerk auf die Entwicklung besonders intensiver persönlicher Kontakte zu den Insel-Autoren. Allen voran stand die Beziehung zu Rainer Maria Rilke. Ihr umfangreicher Briefwechsel mit Rilke gibt interessante Einblicke in ihre literaturkritische Tätigkeit und dem interessierten Leser anhand der persönlichen Äußerungen eine Vielzahl von Anhaltspunkten über die intensive Beziehung zwischen dem Dichter und der Frau seines Verlegers. Hier wurden nicht nur literarische Fragen diskutiert, sondern auch ganz persönliche

---

12 KATHARINA KIPPENBERG: Buchillustrationen. In: Die Frau im Buchgewerbe und in der Graphik. Leipzig: Verlag des deutschen Buchgewerbevereins 1914, S. 271.

Schwächen mitgeteilt. So schrieb Katharina Kippenberg beispielsweise 1913 aus Hamburg an Rilke:

»... ich bin nämlich wegen des Zahnarztes hier, weil ich der Angst vor dem Leipziger nicht mehr gewachsen war.«[13]

In gleicher Weise äußerte Rilke vielfach seine Probleme mit den Folgen von Erkrankungen und den beständigen Sorgen um die Sicherung seiner Existenz. Katharina Kippenberg war eben mehr als nur Lektorin, eher schon verständnisvolle, mitfühlende Freundin, bei der man Sorgen und Probleme abladen, sein Herz ausschütten konnte. Ausdruck der besonderen persönlichen Beziehung ist auch der gegenseitige Austausch von Geburtstags- und Weihnachtspräsenten oder Fotos. Rilke vergaß nie Katharinas Geburtstag am 1. Juni. Er sandte ihr neben Glückwünschen auch eine Vielzahl von Geschenken: ein Federmesser in Form eines Fischleins mit Rubinäuglein gehörte ebenso dazu wie bibliophile Ausgaben seiner Werke, natürlich handsigniert oder mit speziellen Widmungsgedichten zusätzlich aufgewertet. Rilke holte sich bei Katharina so manches Mal Rat, wenn er ein Geschenk für seine Tochter Ruth suchte. Im Gegenzug schenkte Katharina ihm handbemalte Porzellandosen oder besorgte für Ruth sogar eine Geburtstagstorte.

Auf die besonders enge Beziehung Katharina Kippenbergs zu Rainer Maria Rilke soll hier nicht noch ausführlicher eingegangen werden. Ingeborg Schnacks Beitrag über Katharina Kippenberg in den *IB-Mitteilungen für Freunde* Nr. 16[14] ergänzt das Bild dieser Beziehung um Aspekte aus literarischer und literaturhistorischer Sicht und würdigt auch Katharina Kippenbergs Arbeiten zur Lyrik Rilkes.

Ingeborg Schnack erwähnt die besondere persönliche Fürsorge, die Katharina Kippenberg gerade jungen Autoren, die sie

13 K. Kippenberg an R.M. Rilke, Hamburg, 1. 12. 1913. In: Wie Anm. 5, S. 77.
14 Vgl. INGEBORG SCHNACK: Dr. phil. h.c. Katharina Kippenberg. In: IB.M. Nr. 16 (1997), S. 7-20.

für förderungswürdig hielt, zukommen ließ. Das waren zum einen Aufmunterung und Ansporn durch persönliche Worte, wie auch auf der anderen Seite, für die meisten von ihnen natürlich wesentlich wichtiger, umfangreiche finanzielle Zuwendungen. In fast schwärmerischer Verehrung schreibt 1916 der junge psychisch labile Johannes R. Becher,

»Liebste gnädige Frau: so schreibe ich Ihnen tiefst náchts; ich sehne mich nach Ihnen: dem Streichen Ihrer unendlichen mütterlichen Hände, was tuts: Ich muß es Ihnen gestehn. Ich habe sie immer gleich von Anfang her sehr lieb gehabt. Doch war ich zuerst verliebt in Sie: nun sind sie ganz groß vor mir aufgewachsen, mit vielen spiralenförmigen Schemen um das Haupt: liebe, liebste Mutter und Frau. Unantastbare...«,

um nach den elegischen Lobeshymnen gegen Ende des Briefes seine speziellen Wünsche vorzubringen,

»... schicken Sie mir die Januar-Rate zum Fest ... und schicken Sie mir ein paar Bücher: am liebsten die ganze bisher erschienene Insel-Bücherei.«[15]

Dieser zusätzliche Wunsch zu der bereits vereinbarten großzügigen monatlichen finanziellen Zuwendung sollte uns noch heute recht maßlos, wenn nicht sogar unverschämt erscheinen, denn immerhin waren bis Ende 1916 bereits ca. 217 Nummern der Insel-Bücherei erschienen, die, wenn man die Einkommensverhältnisse jener Zeit zugrunde legt, im Gesamtpreis bereits eine nicht unbeträchtliche Summe zusammenkommen ließen.

Die Verehrung der Person Katharina Kippenberg teilte Becher allerdings mit vielen anderen Zeitgenossen. Auf Fotos aus jener Zeit und auf den Gemälden Loulou Albert-Lazards sehen wir eine attraktive, zugleich würdevolle Frau, die wegen ihrer Herz- und Mütterlichkeit, wie auch der Fähigkeit, anregende Gesprächspartnerin zu sein, geschätzt wurde.

Die Liste der von Katharina Kippenberg betreuten Autoren

15 J.R. Becher an K. Kippenberg, Berlin, 18. 12. 1916. In: JOHANNES R. BECHER: Briefe 1909-1958. Hrsg. v. R. Harder. Berlin u. Weimar: Aufbau-Verlag 1993, Bd. 1, S. 60/61.

ist lang, wobei ihr spezielles Interesse ganz besonders den sich lyrisch Äußernden galt. Mit großer Sorgfalt las und prüfte sie Manuskripte, machte Vorschläge zu Stil- und Formänderungen. Es war nicht nur ein Ringen um das einzelne Wort, sondern um den Text als Gesamtkunstwerk, das nicht selten die undankbare Aufgabe einschloß, Manuskripte zurückzustellen oder endgültig abzulehnen. In einem Brief Katharina Kippenbergs an Rilke von 1913 lesen wir über eine von ihm empfohlene Arbeit:

»Aber ich bekam bald den Eindruck, daß man es wohl nur mit einem sehr kleinen Talent zu tun hat, mit einem, das den Dichter vielleicht nicht lang durch das Leben begleiten wird.«[16]

Katharina Kippenbergs hoher Anspruch an die literarische Qualität ließ Mittelmaß nicht zu. Natürlich war sie auch immer gezwungen, praktische verlegerische, nämlich finanzielle Aspekte zu berücksichtigen.

»Sie wissen, lieber Rilke, die Insel hat sich nie gescheut, Dichter zu haben, die niemals hohe Auflagen haben werden und die doch immer unser Stolz sind, aber viele Bücher zu haben von immerhin nicht ganz erstem Rang, die tot daliegen, ist gefährlich«,[17]

schreibt sie 1925 und ein Jahr später:

»Die Welt liest augenblicklich keine Gedichte. Schlüssig beweist das ein so beliebter und gangbarer Autor ... wie Stefan Zweig, sein Amok, sein Kampf mit dem Dämon, seine Novelle in der Inselbücherei gehen wie die warmen Semmeln, vor seinen Gedichten wird halt gemacht, kaum ein Stück.«[18]

Nichtsdestotrotz galt Katharina Kippenbergs Hauptarbeitsfeld neben der Zusammenstellung der Insel-Almanache, der Auswahl vor allem englisch- und französischsprachiger Literatur für die Übernahme in das Verlagsangebot immer wieder der Lyrik. Allein in der Insel-Bücherei hat sie sechs Gedichtbänd-

[16] K. Kippenberg an R.M. Rilke, Leipzig, 18. 11. 1913. In: Wie Anm. 5, S. 71.
[17] K. Kippenberg an R.M. Rilke, Leipzig, 12. 2. 1925. In: Wie Anm. 5, S. 562.
[18] K. Kippenberg an R.M. Rilke, Sanatorium »Weißer Hirsch«, 19. 4. 1926. In: Wie Anm. 5, S. 588.

chen als Herausgeberin betreut und zum Teil auch mit Nachworten versehen. Das sind:

155 [1A-1C] Deutsche Choräle
400 [1A, 1B] R. M. Rilke: Gedichte, Der ausgewählten Gedichte 1. Teil
436 [1A] G. Trakl: Gesang des Abgeschiedenen
480 [1A-1C] R. M. Rilke: Der ausgewählten Gedichte anderer Teil
512 [1A-1C] Deutsche Gedichte
525 [1A, 1B] F. Schiller: Gedichte

Die Veränderung der Ausgaben durch überarbeitete Varianten ist Ausdruck für den Prozeß, daß Katharina Kippenberg sich als Herausgeberin mit dem erreichten Stand selten zufriedengab, sondern dann, wenn es neue Aspekte zu berücksichtigen gab, immer wieder erneute Durchsichten und Umarbeitungen der Insel-Bändchen vornahm.

Mit eigenen Texten ist Katharina Kippenberg anfangs nur zögerlich an die Öffentlichkeit getreten. Erst ihre späten Arbeiten, vor allem die über Rilke, zeugen besonders von ihren literarischen Fähigkeiten. Nach ihrem Tod erschien 1948 im Insel-Verlag der Band *Kleine Schriften*, der Katharina Kippenbergs Arbeiten zusammenfaßt und zugleich den Entwicklungsgang ihres literarischen Schaffens aufzeigt. Am Anfang wählte Katharina Kippenberg für Veröffentlichungen noch ein Pseudonym: K. Berg, Karl Moorburg, in Anlehnung an das väterliche Gut, oder später auch Ludwig Fehr. Von großer Ausdruckskraft sind ihre Gedenktexte für Rainer Maria Rilke oder Hugo von Hofmannsthal, aber auch die Würdigung für Carl Ernst Poeschel zum 60. Geburtstag. Im gleichen Atemzug darf dann natürlich die Einleitung für die von ihr initiierte Festschrift *Navigare necesse est* zum 50. Geburtstag von Anton Kippenberg im Jahre 1924 nicht unerwähnt bleiben. Allein die Berichte von den von Katharina Kippenberg geheim geplanten und organisierten Vorbereitungen dieses Festtages und dann der Ablauf der Feierlichkeiten im Hause Kippenberg haben längst anekdotischen, wenn nicht sogar legendenhaften Charakter angenommen.

Den wichtigsten Platz in Katharina Kippenbergs Schaffen nehmen ohne Zweifel ihre Arbeiten über Rilke ein, die an anderer Stelle bereits umfangreich gewürdigt worden sind. Ihre Bemühungen vor allem um das Werk Rilkes haben sicher ganz entscheidend dazu beigetragen, daß ihr nach all den Entbehrungen des 2. Weltkrieges in Würdigung ihrer Verdienste um die deutsche Literatur die Ehrendoktorwürde der Universität Leipzig und nur kurz danach auch die der Universität Marburg verliehen wurde.

Neben den in den *Kleinen Schriften* veröffentlichten Texten wird Katharina Kippenberg bei der Arbeit im Verlag sicher auch eine ganze Reihe sogenannter Gelegenheitstexte, die sie selbst wegen des fehlenden hohen literarischen Anspruches wohl nicht für überliefernswert hielt, geschrieben haben. Bei den Recherchen im Goethe- und Schiller-Archiv fand sich ein solches dreiseitiges Maschinenmanuskript – wahrscheinlich aus dem Jahr 1914 –, das in ihren Schriften bisher nicht erwähnt wird. Es gibt keine Hinweise auf die Veröffentlichung des Textes, der offenbar eine Art Replik auf einen französischen Artikel darstellt. Unter dem Titel *Zum Thema ‚Die Mode' von Katharina Kippenberg* findet sich ein thematisch und literarisch nicht besonders wertvoller, aber durchaus zeit- und kulturgeschichtlich reizvoller Text, der vor allem ein schönes Beispiel für die Ausdrucks- bzw. Schreibweise der Autorin darstellt. Mit solchen Aussagen wie

»Die Mode ist den Franzosen Herzenssache, ist ihnen künstlerischer Wesensausdruck. Was dem Deutschen das Lied ist, ist dem Franzosen das Kleid seiner Frau«

und dem Schlußsatz

»Es ist schon so vieles Wirklichkeit geworden, was unmöglich schien, warum nicht der Zustand, dass Mode wird, über der Mode zu stehen, wenigstens in der Annäherung«,[19]

hat sie einen Eindruck von dem Stellenwert und den Auffassungen zu Modefragen am Beginn des Jahrhunderts und ihre Position dazu vermittelt.

Katharina Kippenberg trifft bereits in diesem kurzen Text einen Ton, der in ihren späteren Briefen und Arbeiten immer wieder zu erkennen ist: ein leidenschaftliches, also stark emotional geprägtes Argumentieren, das mitunter einen belehrenden, aber auch fordernden Beiklang hat. Aufgrund ihres rigorosen, meist endgültigen Urteils, wenn es um die Beurteilung von Manuskripten ging, wurde Katharina Kippenberg von den Insel-Autoren geschätzt, zugleich aber auch gefürchtet. Wenn die »oberste Richterin« einen abschlägigen Bescheid für ein Manuskript erteilt hatte, wurde diese Entscheidung meist nicht mehr revidiert. Siegfried Unseld schreibt dazu, daß

»... es auch Autoren gab, die eine solche Machtstellung im Verlag kritisierten, die ihr das sichere Gespür für Qualität absprachen und ihr Deutschtümelei vorwarfen. Andere Autoren wiederum bekundeten, wie gern sie mit ihr zusammengearbeitet haben, ...«[20]

Die Ursachen für diesen manchem einseitig erscheinenden Blickwinkel in der Beurteilung literarischer Qualität lagen auch darin, daß Katharina Kippenberg natürlich das Verlagsprofil mit vertrat, daß auch ihrer Meinung nach nur für einen ausgewählten Kreis von Autoren und Autorinnen ein Platz im Insel-Verlag war, vornehmlich für die, die in der klassisch-humanistischen Literaturtradition standen.

Katharina Kippenberg hat ihre Arbeit im Verlag immer als einen Mittelpunkt ihres Lebens angesehen. Besonders schwer

19 Vgl. undatiertes Maschinenmanuskript von Katharina Kippenberg aus dem Bestand des Goethe- und Schiller-Archivs in Weimar unter der Signatur GSA 50/63, 3.
20 SIEGFRIED UNSELD, wie Anm. 1, S. 46.

ist ihr ein kontinuierliches Arbeiten auch durch die häufigen Erkrankungen gefallen, die immer wieder Arbeitsphasen unterbrachen und ihr so unendlich viel Geduld und vor allem das Ertragen von Schmerzen abverlangten. Insgesamt verbrachte sie viele Monate, wahrscheinlich sogar Jahre in Krankenhäusern und Sanatorien, fern von der geliebten Familie und der Arbeit im Verlag. Sie hoffte, von den zum Teil chronischen Leiden, wie Nierenbeckenentzündung und Mittelohrvereiterung, qualvollen Kopfschmerzen und später den unvermeidlichen Gebrechen des Alters, Linderung und Heilung zu finden. Die Liste ihrer Kuraufenthalte ist lang. Sie reicht von Bad Pyrmont über Bad Steben bis zu Sanatorien in München und dem Sanatorium »Weißer Hirsch« in Dresden.

Mit Anton Kippenberg hat sie die Sorge um den Verlag geteilt, Freunden gegenüber immer wieder von seiner Überarbeitung berichtet, selbst aber kaum weniger Kraft und Zeit in die Verlagsarbeit investiert. Als die Töchter aus dem Haus waren, teilte Katharina Kippenberg um so mehr Antons Goethe-Begeisterung. Sie leitete die Um- und Ausbauten am Gohliser Haus, die mit der Eröffnung der musealen Goethe-Räume ihren Abschluß fanden. Ruhe und Entspannung suchte Katharina gemeinsam mit Anton auch in Weimar. Die Kippenbergs mieteten 1936 das Parkhäuschen neben Goethes Gartenhaus von der Großherzoglich Weimarischen Schatulle. Sie richteten es mit alten Möbeln ein und verbrachten dort alljährlich bis 1944 mehrere Wochen oder Monate im Sommer oder Herbst.

Manch schwere Zeit hatte Katharina Kippenberg mit dem Insel-Verlag überstanden. Die schwierigen Jahre des 1. Weltkrieges, die Jahre der Weltwirtschaftskrise, Tiefpunkte im verlegerischen Wirken wurden bewältigt, aber all das stand in keinem Vergleich zu den Qualen und Schrecknissen, die der 2. Weltkrieg für den Insel-Verlag und für die Familie Kippenberg persönlich mit sich brachte. Zu den vielfältigen Schwierigkeiten, in den 30er und 40er Jahren verlegerisch tätig zu sein, kamen schwere Schicksalsschläge. Der frühe Kriegstod des Schwiegersohnes Detlev von Einsiedel, der zehn Jahre lang Mitarbeiter des Verlages gewesen war, gehört ebenso dazu wie der Verlust des Verlagshauses und natürlich die Zerstörung des Privathauses in Leipzig-Gohlis, die für Katharina durch die vielen Erinnerungen, die mit diesem Haus verbunden waren, besonders schmerzlich war und ihr viel Lebensmut genommen hat.

Nach dem Krieg erfuhr sie zum 70. Geburtstag durch die Verleihung der bereits erwähnten Ehrendoktorwürden der Universitäten Leipzig und Marburg noch einmal eine besondere Anerkennung, über die sie sich sehr gefreut hat.

Die Entbehrungen des Krieges, das zunehmende Alter und erneute Erkrankungen setzten Katharina Kippenbergs Gesundheit stark zu. Im Oktober 1945 schreibt sie an Johannes R. Becher:

»... ob Sie mich wiedererkennen würden? (ich habe in den letzten Jahren dreißig Pfund abgenommen, diese Kriegsjahre zählen dreifach).«[21]

Noch 1946 hat Katharina Kippenberg für eine Sonderausgabe von Rilkes Gedichten eine Auswahl vorgenommen und ihr eigenes Buch über Rilkes *Duineser Elegien* und die *Sonette an Orpheus* abgeschlossen, das zu einem Endpunkt in ihrem literarischen Schaffen werden sollte.

»Es war nicht ihre Art, von sich selbst zu reden; ... nur durch die Art, wie sie andere rühmt, fällt ein Licht auf sie selbst,«[22]

21 K. Kippenberg an J.R. Becher, Marburg, Oktober 1945. In: BECHER UND DIE INSEL. Briefe und Dichtungen 1916-1954. Hrsg. v. R. Harder u. I. Siebert. Leipzig: Insel-Verlag 1981, S. 304.
22 HANS CAROSSA: Katharina Kippenberg. In: KATHARINA KIPPENBERG: Kleine Schriften. Wiesbaden: Insel-Verlag 1948, S. V.

schreibt Hans Carossa in seinem Nachruf. Am 7. Juni 1947 starb Katharina Kippenberg in einer Frankfurter Klinik. Wenige Tage später wurde ihr Sarg an einem warmen Frühsommertag auf dem Ockershäuser Friedhof in Marburg zu Grabe getragen.

Uns Nachgeborenen bleibt die Erinnerung an eine Frau, deren Name untrennbar mit dem Insel-Verlag verbunden ist und die durch ihr Wirken und die Produkte ihrer Arbeit, die eigenen und natürlich nicht zuletzt durch die Vielzahl der von ihr mit soviel Sorgfalt betreuten Bücher von Insel-Autoren einen bleibenden Platz in der deutschen Verlagsgeschichte innehaben sollte.

Barbara Salver und Karl-Hartmut Kull

Der Schriftgestalter Herbert Post (1903-1978)
und seine Post-Fraktur

Ein in den Beschreibungen der Insel-Bücherei bisher wenig beachteter Aspekt ist die Vielfalt der verwendeten Schriftarten, die mit der Typographie, den farbigen Überzugspapieren, Illustrationen und Bildern die Faszination der schönen Reihe ausmachen. Annemarie Meiner bemerkte bereits vor mehr als vierzig Jahren in ihrem Beitrag *Neues über die Insel-Bücherei* (Imprimatur XII, 1954/55), daß die Schriftarten einen eigenen Aufsatz wert wären.

Auf ein interessantes Detail, durch die Schilderung des Entwicklungsweges der von dem Schriftkünstler Herbert Post gezeichneten Fraktur, mit der Karl Heinrich Waggerls Inselband *Kalendergeschichten* im Jahre 1937 gedruckt wurde, macht nun Katja Schneider in dem von Angela Dolgner herausgegebenen Katalog zur Ausstellung HERBERT POST: SCHRIFT, TYPOGRAPHIE, GRAPHIK aufmerksam.

Vor allem bekannt als Schüler des Offenbacher Schriftkünstlers Rudolf Koch (1876-1934), lehrte Herbert Post an der Kunstschule Burg Giebichenstein in Halle von 1927 bis 1950 und danach an der Werkkunstschule in Offenbach von 1950 bis 1956. Im Jahre 1956 wurde er als Direktor an die Akademie für das Graphische Gewerbe in München berufen, an der er bis zu seiner Pensionierung im Januar 1968 lehrte und künstlerisch tätig war.

Seine Fraktur, später POST-FRAKTUR genannt, die als eine ausdrucksstarke lebendige Druckschrift den Erfordernissen der damaligen Zeit entsprach, entwarf er während des Urlaubs im Juli 1933. Den Stempelschnitt übernahm sein Freund Paul Koch (1906-1945), der Sohn von Rudolf Koch.

Jedoch zog sich die Vollendung der Schrift, nach der ersten Probe im Januar 1934, aus den verschiedensten Gründen fast drei Jahre hin. Erst im Dezember 1936 erfolgte der komplette Probeguß. Eine Enttäuschung brachte ihm die Haltung der Bauerschen Gießerei, welche die vorbereitenden Arbeiten kulant unterstützt hatte, sich aber letztlich nicht zum Kauf der Schrift entschließen konnte. So bot Herbert Post seine Fraktur im Januar 1937 der Schriftgießerei Gebrüder Klingspor an, die zu seiner zweiten Enttäuschung ebenfalls ablehnte, da Karl Klingspor eine zu große Ähnlichkeit zu der von ihm vertriebenen CLAUDIUS von Rudolf Koch zu sehen vermeinte und sogar eine Klage erwog. Durch den Nachweis der frühen Entwürfe wurde der Vorwurf der Nachahmung entkräftet und die Schrift schließlich von der Schriftgießerei Berthold übernommen, nachdem die Bauersche Gießerei nun doch noch begonnen hatte, die Fraktur zum Nachteil von Herbert Post zu vermarkten.

Die POST-FRAKTUR der Schriftgießerei Berthold, neu geschnitten, wurde immer vollkommener, als im August 1937, sicher nun aus Gründen der Konkurrenz zur CLAUDIUS, Karl Klingspor seinen Vorwurf massiv erneuerte, der aber auch diesmal, sachlich belegt, als unberechtigt zurückgewiesen werden konnte. Zunächst nur für wenige kleinere Editionen mehr aus Liebhaberei angewendet, war es für Herbert Post nach Hoffen und Bangen ein Glücksfall, daß sich der Insel-Verlag im Jahr 1932 entschloß, Karl Heinrich Waggerls *Kalendergeschichten* als Band Nr. 522 der Insel-Bücherei in der Offizin Haag-Drugulin mit der POST-FRAKTUR drucken zu lassen, leider nur in dem älteren Guß der Bauerschen Gießerei. Trotzdem war damit der endgültige Durchbruch der POST-FRAKTUR erreicht. Ernst Kellner (1899-1943), Leiter der Offizin Haag-Drugulin und ebenfalls ein Schüler von Rudolf Koch, schrieb über die POST-FRAKTUR: »Diese Auflockerung der Form, wie sie sich aus dem unbeschwerten und unbekümmerten Gebrauch des Handwerkszeugs von selbst ergibt, ist gewiß fruchtbarer, als wenn sich die Schriftkünstler weiter an alte Vorbilder halten und überkommene Formen konstruktiv vereinfachen und schematisieren.«

Obwohl im Januar 1941 die Anwendung der Frakturschrift in der Öffentlichkeit, bei behördlichen Schreiben, offiziellen Veröffentlichungen und Bekanntmachungen, mit Blick auf deren Lesbarkeit in den besetzten Gebieten, durch die Führung der NSDAP untersagt wurde und damit ins politische Abseits geriet – »Die Verwendung der Schwabacher-Judenlettern habe künftig zu unterbleiben«, heißt es in einem von Bormann unterzeichneten Rundschreiben der NSDAP vom 3. Januar 1941 –, waren die Verlage nur bedingt daran gebunden. Und so erschienen die Feldpostausgaben der *Kalendergeschichten* in den Jahren 1942 und 1944 weiter in der Fraktur von Herbert Post.

Die Werkausstellung HERBERT POST: SCHRIFT, TYPOGRAPHIE, GRAPHIK wird nach ihrer Präsentation in Halle a. S., München und Karlsruhe im Jahre 1999 in Frankfurt a. M., Oldenburg und Eutin zu sehen sein.

MITTEILUNGEN UND HINWEISE

– Bis zum Redaktionsschluß für diese Nummer – 15. 5. 1998 – sind seit der letzten Mitteilung zu diesem Thema in IB.M. Nr. 17 (1998), S. 59f., folgende, vom Verlag in seinen Halbjahresprospekten *nicht gesondert angekündigte* Nachauflagen von IBs mit den angegebenen Anlieferungsdaten auf dem Markt erschienen oder zu erwarten:

IB 28	Hofmannsthal	41. Aufl.	19. 11. 1997
IB 165	Zweig	45. Aufl.	14. 1. 1998
IB 284	Schubert	6. Aufl.	14. 10. 1997
IB 349	Zweig	37. Aufl.	14. 1. 1998
IB 407	Omar	14. Aufl.	14. 1. 1998
IB 454	Hesse	26. Aufl.	14. 10. 1997
IB 461	Hofmannsthal	15. Aufl.	19. 11. 1997
IB 543	Ebner-Eschenbach	18. Aufl.	26. 2. 1998
IB 852	Brecht	18. Aufl.	14. 10. 1997
IB 986	Runge	6. Aufl.	14. 1. 1998
IB 998	Kopfkissenbuch	10. Aufl.	19. 11. 1997
IB 1013	Goethe	10. Aufl.	19. 11. 1997
IB 1041	Es kommt ein Schiff	8. Aufl.	19. 11. 1997
IB 1097	Fäden	3. Aufl.	14. 1. 1998
IB 1136	Wende-Köpfe	3. Aufl.	27. 2. 1998
IB 1140	Goethe	5. Aufl.	24. 3. 1998
IB 1150	Rilke	4. Aufl.	27. 2. 1998
IB 1163	Petrarca	3. Aufl.	14. 1. 1998
IB 1171	Brahms	2. Aufl.	14. 10. 1997
IB 1175	Heine	2. Aufl.	27. 2. 1998
IB 1177	Queiroz	2. Aufl.	14. 1. 1998
IB 1178	Frauen um Mendelssohn	2. Aufl.	14. 1. 1998

– In der als Beilage zum *Börsenblatt für den deutschen Buchhandel* erscheinenden *Buchhandelsgeschichte* 4 (1997),

S. B 180-192, findet sich ein Beitrag von Edelgard Bühler: *Der Illustrator Willi Harwerth und die Insel-Bücherei in den dreißiger Jahren.*
                                                              E. L.

– Unter der Internet-Adresse *http://www.buchkatalog.de* kann man in das Lagerverzeichnis von KNO und K&V gelangen und online Bücher bestellen. Interessant für die Freunde der Insel-Bücherei: Klickt man die Schaltfläche »Suchen« an, erhält man ein Dialogfeld zur Eingabe der gewünschten Buchdaten. Beschränkt man sich auf »Insel-Bücherei« werden auf dem Bildschirm alle lieferbaren Titel der Insel-Bücherei angezeigt. Klickt man nun einzelne Titel an, erhält man eine Kurzbeschreibung und als Bonbon eine Abbildung des jeweiligen Bandes. Klickt man nun auf die Abbildung, wird der IB-Band in Originalgröße dargestellt. Benutzer der modernen Betriebssysteme können auch mit der rechten Maustaste die Abbildungen anklicken und mit »Grafik speichern unter ... « auf der Festplatte im JPG-Format speichern, so daß diese für eigene Anwendungen genutzt werden können.
                                                              N. N.

– Beschaffenheit der Überzugspapiere: Es gibt in letzter Zeit Kritik an der Beschaffenheit der neuen Überzugspapiere. Dazu gibt Rolf Staudt aus dem Verlag folgende Auskunft: »Die Umstellung von dem alten Japan-Simile-Material auf das neue Überzugspapier erfolgte nicht, um dem Buchhändler das Aufkleben und Abziehen der Preisschilder zu erleichtern. Die am Markt angebotene Qualität von Japan-Simile wurde immer schlechter, sowohl das Erscheinungsbild (große Wolkigkeit) als auch die Verdruckbarkeit. [...]

Das kalkige Weiß der ersten Serie, das uns auch störte, haben wir inzwischen überdruckt, und zwar stimmen wir die Färbung auf die Papierfarbe des Inhalts ab. [...]

Daß die Bände mit der Zeit etwas speckig werden, liegt an der notwendigen Lackierung; wir werden versuchen, die Lackierung noch etwas matter zu halten.

Dem Argument, daß die Motive unscharf werden, kann ich überhaupt nicht folgen. Das Ergebnis ist gerade umgekehrt. Wir haben vor unserer Entscheidung Musterdrucke gemacht, die das eindeutig beweisen. Das gleiche gilt für die angebliche Einschränkung der Farbdynamik. Die mögliche Farbpalette ist wesentlich größer geworden, und im Fall des Kokoschka-Bandes konnte nur so die Farbigkeit der Bilder aus dem Inhalt auf den Überzug übertragen werden.

In einem Punkt gebe ich der Kritik recht: Die alten Bände sind haptisch angenehmer; wobei unser Papierstoff kein Laminat ist, [...] sondern ein gestrichenes und oberflächengeglättetes Papier. Also, mit dem Lesen unter der Dusche wird nichts.«

N.N.

BERICHTIGUNGEN UND ERGÄNZUNGEN

IB.M. Nr. 2: Gerd Plantener (Mitarbeit: Hans-Eugen Bühler): Ausgaben der Insel-Bücherei in Leder-Einbänden

Serie LS
IB 149   Dostojewski [1926], 66.-75. Tsd. schwarz
                                 Regina und Rainer Kurz, 83080 Oberaudorf

IB.M. Nr. 4: Elke Lipp: Bauchbinden in der Insel-Bücherei

IB 1161   Hildesheimer: Janssen und wir (1996)
IB 1178   Frauen um Mendelssohn Bartholdy (1997)
                                 Elke Lipp 64372 Ober-Ramstadt
IB 1178   Frauen um Mendelssohn Bartholdy (1998: 2. Aufl.)
                                 Jochen Lengemann, 34065 Kassel

IB.M. Nr. 7: Jochen Lengemann: »NIB« [Folge 2]

IB 670 [1] Waggerl: Wagrainer Tagebuch 1944, 65.-69. [!] Tsd.
            Es liegt ein gut erhaltenes Exemplar vor mit den Eindrucken:
            a. 1944 – Im Insel-Verlag zu Leipzig.
            b. Frontbuchhandelsausgabe für die Wehrmacht. Im Auftrage des Oberkommandos der Wehrmacht hergestellt von der Zentrale der Frontbuchhandlungen, Dienststelle Prag.
            c. 65.-79. Tausend. Druck H. Gusek in Kremsier.*
                                 Wolf Kuhnke, 57080 Siegen

---

* Der Hinweis in IB.M. Nr. 7, das »65.-69. Tsd.« sei »durch Kriegseinwirkung vernichtet« worden, beruhte auf der Angabe Sarkowskis in IK (1969) S. 382 bei Nr. 1861 A; im übrigen ist auch das mit dem Eindruck 1943 versehene 58.-64. Tsd. schon als »Frontbuchhandelsausgabe für die Wehrmacht« bezeichnet.   J.L.

ZUSCHRIFTEN AN DIE REDAKTION

Beim Stöbern in einem Münchner Antiquariat bescherte mir kürzlich der Zufall ein besonderes Exemplar des Insel-Bändchens Nr. 349[1] von *Stefan Zweig: Die Augen des ewigen Bruders* – 121.-140. Tsd. Die Auflage stammte aus dem Jahr 1930 – wie Frau Elke Steenbeck von der Leipziger Niederlassung des Insel Verlags dankenswerterweise ermittelt hat. Auf der Titelseite befindet sich ein rechteckiger violetter Stempel mit

> Politische Bücherei
> Nr. 1280
> Staatspolizeileitstelle München

den Inschriften »Politische Bücherei« und »Staatspolizeileitstelle München«, außerdem die auch auf dem Rücken aufgeklebte Registrier-Nr. 1280. Vermutlich erhielt das Bändchen nach 1933 den zweiten schräg verlaufenden blauen Stempel »ausgeschieden«. Der Grund für diese Maßnahme dürfte in der Abstammung von Stefan Zweig und vielleicht auch im Sujet der Legende zu suchen sein. Das weitere Schicksal des Bändchen bis ins Antiquariat konnte nicht geklärt werden. Für mich war es das erste aufgefundene Insel-Buch mit diesem oder einem ähnlichen Vermerk. – Die Erinnerung an derartige schmähliche Zeugnisse des Verbots von nicht genehmen Dichtern und Schriftstellern im Dritten Reich mag vielleicht allmählich verblassen. Aber Genius und Werk eines Stefan Zweig werden ewig bestehen.

Prof. Dr. Ralf Schnabel, 80805 München

Zuvörderst einmal Kompliment und Dank für die Nr. 17 und alle früheren Ausgaben der Mitteilungen! Anton Kippenberg hätte seine helle Freude daran gehabt. Er hätte sich eine solche Unternehmung kaum träumen lassen. In der Aufmachung ganz inselmäßig und im Inhalt in jeder Weise interessant und allen Ansprüchen eines Insel-Freundes mehr als genügend! Die IB. M. sind ein wunderbares Bindeglied zwischen den Sammlern geworden. Auch wenn ich heute in Anbetracht der für Inselbücher geforderten Preise nicht mehr zu den großen Jägern gehöre, mich vielmehr des Vorhandenen freue, auch der Juwelen, die nicht mehr bezahlbar sind, so weckt jeder Beitrag der Mitteilungen mein Interesse und reizt mich zur Überprüfung des Bestandes. Die Beiträge sind solide recherchiert, als alter Journalist spürt man das, tadellos geschrieben und wissenschaftlich fundiert! ... Dank Ihnen auch für den Beitrag über Gotthard de Beauclair.

Arthur Lamka, 87527 Sonthofen

Anzeigen

Buch- und Kunstantiquariat **Marcus Haucke** Katalog X: Romantik – Plastik – Kunstgewerbe (Marcus Behmer: Die einsame Laus) !!! immer Behmer !!! (ständiger An- und Verkauf) – Osnabrücker Str. 26, 10589 Berlin-Charlottenburg – Ruf: 030-3451427.

Katalog mit über 700 Bändchen der Insel-Bücherei (nach Kästner und Jenne). Zuschickung erfolgt gegen Einsendung von DM 1,10 in Briefmarken. **Renate Völkel**, Jurahof Buch, 92363 Breitenbrunn – Tel. 09495-1434.

Buchhandlung Antiquariat **Hermann Scheuermann**, Düsseldorfer Str. 100, 47051 Duisburg – Tel. 0203-20359, Fax 0203-284304: Ständig eine große Auswahl Insel-Bücherei vorrätig. Vier Listen jährlich, Abo-Betreuung, Suchlistenbearbeitung.

Versandantiquariat **Wolfgang Neubert**, Innere Kleiststraße 5, 09380 Thalheim – Fon 03721-85320, Fax 03721-36092: Kein Ladengeschäft! Besuche nach vorheriger Absprache immer willkommen! Ständig Versand aktueller Lagerlisten zu den Themen Insel-Bücherei mit Umfeld und Buchausgaben des Insel-Verlags Leipzig. Stets nehme ich brauchbare Doubletten in Zahlung.

ANTIQUARISCHE BÜCHER aus vielen Gebieten, spez. Insel-Bücherei und Verwandtes. Katalogzusendung auf Anfrage Antiquariat **R. Wölfel**, 82237 Wörthsee, Seeblick 10 – Fax 08143-7254.

BÜCHERINSEL **Jens Förster**, Oststr. 74, 04317 Leipzig – Tel./Fax 03 41-9 90 40 81: *Das* Insel-Antiquariat in Leipzig: Ladengeschäft, Abo-Betreuung, zwei Kataloge jährlich, Suchlistenbearbeitung, Tausch.

Antiquariat & Auktionshaus **Wolfgang Huste**: Wertvolle Bücher, Kunst und Antiquitäten. Mehrere Auktionen im Jahr. Ostwall 29/Ecke Junggesellenstraße, 44135 Dortmund – Tel. 02 31-55 48 79 und 55 48 83, 01 71-3 00 18 64, Fax 02 31-55 48 84; http://www.buchhandel.de/Huste.

Sammlerin verkauft Doubletten der Insel-Bücherei.
Auch seltene Titel vorhanden.
Suchlisten werden bearbeitet. **H. Barb**, Zeisigstraße 21, 41540 Dormagen, Tel.: 0 21 33-8 20 22 (abends).

INSEL-BÜCHEREI
Neue Bände Herbst 1998

Emily Brontë
Ums Haus der Sturm
Gedichte
Englisch und deutsch
Ausgewählt, übertragen und mit
einem Nachwort versehen
von Wolfgang Held
Insel-Bücherei Nr. 1187

Behalte mich ja lieb!
Christianes und Goethes
Ehebriefe
Auswahl und Nachwort von
Sigrid Damm
Insel-Bücherei Nr. 1190

Johann Wolfgang Goethe
Geschichte meines Herzens
Briefe an Behrisch
Herausgegeben und mit einem
Anhang versehen von
Wilhelm Große
Insel-Bücherei Nr. 1189

Heinrich Hoffmann
Kochrezepte für Lina
Mit Abbildungen
Entdeckt und herausgegeben von
Monika Hessenberg
Insel-Bücherei Nr. 1186

Adam Mickiewicz
Dich anschauen
Liebesgedichte
Zweisprachige Ausgabe
Aus dem Polnischen übertragen
und herausgegeben von
Karl Dedecius
Insel-Bücherei Nr. 1192

Siegfried Unseld
Goethe und der Ginkgo
Ein Baum und ein Gedicht
Mit Abbildungen
Insel-Bücherei Nr. 1188

Limitierte Vorzugsausgabe
von 850 Exemplaren

Robert Walser
Märchenspiele
Mit Illustrationen von
Albrecht von Bodecker
und einem Nachwort
von Siegfried Unseld
Insel-Bücherei Nr. 1191